Big Brother is watching you !

En très amical hommage à Louis Tanguy, qui découvrira ici

LE VRAI VISAGE DE MANUEL VALLS

et pourra ainsi mieux le combattre

Radio Courtoisie 15 juin 2014

Éditions Facta

Introduction

En moins de trois ans, Manuel Valls est passé de l'anonymat (5,6 % à la primaire socialiste de 2011) à Matignon. L'histoire de Manuel Valls est une espèce de bluff très largement reconstruit: issu de la plus haute bourgeoisie catalane par son père et d'une famille suisse enrichie dans le trafic de l'or par sa mère, ce fils d'un célèbre peintre catalan nullement anti-franquiste a grandi dans un milieu huppé, dans une maison située en face de l'île Saint-Louis. Ce qui lui a permis de fréquenter le gratin des beaux-arts mais aussi de la politique. Dès ses 18 ans, alors qu'il n'était même pas encore naturalisé français, il a passé un accord secret, appelé « pacte de Tolbiac », avec deux camarades au très brillant avenir, Stéphane Fouks, aujourd'hui pape des communicants socialistes et membre du comité directeur du Conseil représentatif des institutions juives de France, et Alain Bauer, ancien Grand Maître du Grand Orient de France et ponte de la sécurité urbaine. Son ascension doit beaucoup à ces deux hommes avec lesquels il est demeuré étroitement lié.

Le nouveau Premier ministre est aussi l'incarnation même du nouveau Parti socialiste tel que défini par son *think tank* Terra Nova: un pur apparatchik rompu aux jeux d'appareil, à la fois « boboïsé », social-démocrate modéré en apparence mais surtout haineux vis-à-vis de ses adversaires politiques, prêt à toutes les compromissions avec les milieux sarközystes recentrés, libéral rallié au mondialisme, à l'européisme, au métissage et au multiculturalisme. Ce que d'aucuns pourraient appeler l'« after-socialisme » ou socialisme à « l'eau de rose ». Il est bien évidemment membre du club d'influence Le Siècle, mais aussi du groupe mondialiste de Bilderberg. Semblable aux néo-cons américains, en général venus de l'extrême gauche, il est également un soutien fanatique d'Israël, pays avec lequel il s'est déclaré « éternellement lié ». Mais on ignore que jusqu'en 2008 au moins, il était très clairement pro-palestinien.

C'est ce Catalan ombrageux qui se voit évidemment trôner en 2017 ou 2022 à la présidence de la République.

Manuel Valls par lui-même et par les autres

• « Dans l'ombre de moins en moins tutélaire de François Hollande, Manuel Valls, cherchant la lumière n'en finit pas de grimper le grand escalier du pouvoir. »

Le Nouvel Observateur, 4 octobre 2012.

• « Valls ? C'est Sarközy sans le son. »

Xavier Bertrand, *L'Express* du 27 juin 2012

• « Les yeux revolver. »

Libération, 5 avril 2014.

• « Blairiste », « Clintonien ».

La façon dont Manuel Valls se définit idéologiquement.

• « Ce surdoué du cumul est aujourd'hui "premier" vice-président du conseil régional d'Ile-de-France. N'oubliez pas "premier", cela le fâcherait. Ce qu'ont parfaitement compris les huissiers du conseil régional, qui lui donnent du "président Valls" [...] Le président Valls, lui, fait plus dans le look du chef de service Darty, cravate rouge et chemise jaune. »

Le Canard Enchaîné, 23 juin 1999.

• « Le narcissisme tranquille. »

Marianne, 29 octobre 2012.

• « La gauche Prada, c'est lui ! [...] Voici le bellâtre du PS qui veut rendre sexy la gauche : col mao, cravates roses et vacances en Toscane. »

Technikart, septembre 2009.

• « Si souvent ostracisé comme un franc-tireur droitier ! Pourtant, il a suivi un parcours rectiligne dans le couloir de la deuxième gauche [...] Il a rendu son tablier de maçon, mais son ami Bauer est introduit chez les frères et au-delà. Il a cessé de dîner au Siècle, mais son ami Fouks peut lui ouvrir son épais carnet d'adresses auprès des patrons et autres décideurs. Ce qui lui manque ? Parvenir à sourire... »

Challenges, 20 décembre 2012.

• « Il faut tout remettre en cause, oui. Et d'après moi jusqu'au nom du parti. Parti socialiste, c'est daté. Ça ne signifie plus rien. Le socialisme, cela a été une merveilleuse idée, une splendide utopie. Mais c'était une utopie inventée contre le capitalisme du XIXe siècle ! C'est juste devenu un mot prison aujourd'hui qui empêche d'avancer. Et en l'invoquant encore et encore, nous profanons l'espoir qu'il a représenté pour nos ancêtres. Nous n'avons plus de terre promise idéologique, acceptons-le »

Pour en finir avec le vieux socialisme... Et être enfin de gauche ! Entretiens avec Claude Askolovitch, 2008.

• Il pèse ses mots, les prononce avec une voix grave et la diction d'un sociétaire de la Comédie-Française. »

Jacques Hennen et Gilles Verdez (dans *Manuel Valls, les secrets d'un destin*, 2013).

• « Dans le socialisme français, il existe une espèce de nostalgie d'une alternative au capitalisme. »

Manuel Valls, *El Pais*, 26 juillet 2009.

• « C'est minuit moins le quart avant la mort clinique du Parti socialiste [...] Le mot "socialiste" ne veut plus rien dire. »

Manuel Valls, *i-télé*, 10 juin 2009.

• « Nous sommes au bout d'un cycle : une grande partie des idées de gauche se sont épuisées. Pour que le PS retrouve une crédibilité, il doit être porteur d'un projet vraiment différent. Cela demande du temps et beaucoup de travail. »

Valeurs actuelles, 2007.

• « Belle image de la ville d'Evry… Tu me mets quelques Blancs, quelques Whites, quelques Blancos… »

Reportage projeté à *Politiquement parlant*, *Direct 8*, 10 juin 2009.

• « Manuel Valls est un des symptômes de la nécrose intellectuelle et progressiste du Parti socialiste. »

Jean-Luc Mélenchon, *Libération*, 5 janvier 2011.

• « Maxillaires verrouillées, regard d'aigle et cheveux de jais […] Mélange de C.J. Cregg, l'impeccable porte-parole d'"À la Maison-Blanche", et de Silvio Dante, le bras droit du parrain dans "les Sopranos", Manuel Valls se révèle à la manière de ces seconds rôles qui volent la vedette aux héros dans les séries télé. »

Le Nouvel Observateur, 19 avril 2012.

• « L'œil constamment circulaire comme s'il cherchait quelque chose ou quelqu'un. »

France 2, 7 mars 2011.

• « Mel Gibson. »

Le surnom que lui a donné Jean-Christophe Cambadélis (rapporté dans *Manuel Valls, les secrets d'un destin*, 2013).

• S'il maîtrise parfaitement le marketing de campagne, il lui reste à se fabriquer un véritable ADN politique. […] Blairiste affirmé, chevènementiste pour ce qui est de l'État et de la laïcité, deuxième gauche sur l'économie et le social, libéral-libertaire sur les questions sociétales, il cherche à hériter de la vision et des innovations strauss-kahniennes. »

Le Nouvel Economiste, 8 septembre 2011.

• « L'autorité républicaine du franc-maçon. »

Les Echos, 26 janvier 2012.

© DR

MANUEL VALLS

CANCIONES SEFARDITAS

PARA SOPRANO, FLAUTA Y GUITARRA

UNION MUSICAL EDICIONES S.L.

Oncle du ministre de l'Intérieur, Manuel Valls (1920-1984) a composé ce recueil d'œuvres séfarades. Il est plus connu comme compositeur de l'hymne du FC Barcelone.

© DR

EL MATÍ

ESPLAI

LA REVOLTA VENIZELISTA A GRECIA

LA SITUACIO DE GRECIA S'AGREUJA PER MOMENTS. EL Sr. VENIZELOS, QUE ES TROBA A L'ILLA DE CRETA, DIRIGEIX EL MOVIMENT. L'ESMENTADA ILLA I PART DE LA MACEDONIA ESTAN EN PODER DELS REVOLUCIONARIS. LES COMUNICACIONS ESTAN TALLADES I ELS VAIXELLS DE GUERRA SUBLEVATS ESTAN CONCENTRATS A LA BADIA DE CUEDA

El Govern espera poder dominar la situació i mentrestant adreça un missatge al poble confirmant que s'hauran de mobilitzar diverses lleves de les regions sublevades. El Sr. Maximos, que es trobava malalt a Paris, ha dimitit. El Consell de Ministres està reunit permanentment

Crisi total a Hongria

El rei de Siam ha abdicat

Inundacions a diversos indrets de la Peninsula

© DR

Grand-père de Manuel Valls, Magi Valls I Marti, héritier d'une riche famille de la haute bourgeoisie catalane, fonda la banque Pons i Valls à Barcelone (ci-dessus, le siège de la banque) et créa le quotidien catholique conservateur catalan El Mati. Le quotidien sera interdit par les Rouges dès le 19 juillet 1936. Pour avoir caché des religieux persécutés par les troupes républicaines, il risqua d'être fusillé.

L'ENTOURAGE FAMILIAL DE MANUEL VALLS

Issu de la grande bourgeoisie conservatrice catholique catalane

Manuel Valls est né Manuel Carlo Valls Galfetti le 13 août 1962 à Barcelone (Espagne) à la clinique La Ferroviaria, rue Campoamor dans le quartier d'Horta, où est enracinée la famille Valls. Un des frères de son père, gynécologue dans l'Espagne franquiste, supervisa l'accouchement.

Par son père, il est issu d'une des grandes familles de la très haute bourgeoisie catholique catalane. Le nom Valls signifie en catalan « ceux qui vivent dans un vallon ». C'est donc un nom qui indique une origine géographique et qui pourrait être d'origine marrane (voir annexe 1). Manuel Valls est l'arrière petit-fils de Manuela Marti I Quintona et de Jose Maria Valls I Vicens. Né en 1854, ce juriste de formation, reprit avec son frère Agusti, la banque de son père, la banque Magin Valls (le nom est un hommage à Saint-Magi, le saint patron de Tarragone). Ce notable assuma également des responsabilités politiques, comme vice-président de la Ligue de Catalogne (catalaniste conservateur), et fut, comme son frère, membre de la Chambre de commerce de Barcelone dont il devint vice-président avant de mourir en 1907.

Son fils, Magi Valls I Marti, qui épousa Carme de Subira i Thomas, enseignant et traducteur de formation, fut une figure des milieux intellectuels catalans du début du XXe siècle. Il avait proposé à son père de fonder une librairie qui se voulait la plus importante de Barcelone mais le projet n'aboutit pas. Confrontée à un krach de l'industrie du textile en 1920 en Catalogne, la banque de la famille Valls, rebaptisée entre-temps Ponsa y Valls, fut emportée par la crise. Pour faire valoir ses convictions, le grand-père de Valls fut l'un des cofondateurs du quotidien conservateur et catholique *El Mati* (Le Matin). Ce quotidien fut interdit par les « rouges » le 19 juillet 1936. Les locaux furent saisis et attribués au Parti socialiste unifié de Catalogne, qui dissimulait le Parti communiste. Dès le 21, y fut imprimé son quotidien,

Treball. Installée calle Rectoria à Horta, leur maison jouxtait le presbytère de l'église Saint-Jean, située juste en face, qui fut incendiée par la Fédération anarchiste ibérique. Bien que surveillée et enregistrée sur les listes de suspects comme opposants politiques (ce qui aurait pu entraîner leur arrestation arbitraire au moindre soupçon), la famille Valls, au risque d'être fusillée, cacha des prêtres et des religieux, dissimula de nombreux ornements religieux, les hosties consacrées furent cachées derrière un miroir (toute la famille faisant une génuflexion quand elle passait devant) et les objets du culte les plus précieux en or et argent furent jetés au fond du puits du jardin (ce qui devient une "fosse septique" dans la biographie de Valls de Hennen et Verdez !). Xavier Valls, qui a retracé ces épisodes dans ses mémoires inédites en français, *La Meva caixa de Pandora* (2003), rapporte également les exécutions sommaires auxquelles il assista alors qu'il avait entre 12 et 15 ans.

La principale propriété de la famille des banquiers Valls au début du XXe siècle, la fameuse Torre dels Pardals, avec ses somptueux jardins.

Un père nullement « réfugié anti-franquiste »

« Une Espagne noire qu'il fuyait. »

Manuel Valls, cité par Eric Fottorino dans *Les Héritiers de la République* (Calmann-Lévy, 2012).

C'est là tout le contexte de l'enfance de Xavier Valls, né le 18 septembre 1923 à Horta (Espagne). D'ailleurs Manuel Valls reconnaîtra quand même :

Portrait de Manuel Valls par son père Xavier Valls. Peintre réaliste, il ne fut nullement un opposant au franquisme. Dès 1952, il expose dans les plus grands salons et expositions d'Espagne. Il recevra dans sa patrie les plus grandes distinctions. La famille Valls passait toutes les vacances dans sa propriété espagnole. C'est pour cette raison que Manuel Valls est né en Espagne le 13 août 1962. Ce tableau a été présenté à l'Orangerie en 2010, lors de l'exposition Les Enfants modèles.

« Mon père ne parlait pas seulement de la guerre civile, il évoquait la "révolution". Au sein du camp républicain, la violence a été inouïe. » Membre d'une grande fratrie (cinq frères et sœurs), ce petit-fils de banquier, fils d'intellectuel, choisira les arts. Dans son milieu, c'est son oncle, le peintre Nolasc Valls, qui aurait pu influencer cette orientation. Mais c'est de sa rencontre avec un religieux, l'abbé Manuel Trens, que vint son intérêt pour l'art. Directeur du Musée diocésain de Barcelone, cet abbé officiait au couvent des dominicains de Horta où le père de Valls servait la messe. Il effectua alors, durant la guerre civile, des études artistiques à l'École des arts et métiers, l'École Massana, après avoir suivi ses premières leçons auprès de Charles Collet, sculpteur suisse installé à Barcelone. Il travaillera, à partir de 1940 dans le vitrail, l'orfèvrerie ou encore l'architecture, peignant à l'époque dans un atelier à Horta.

Le père de Manuel Valls figure parmi les fondateurs du Cercle Maillol (1946) en Espagne, créé au sein de l'Institut français de Barcelone pour organiser des expositions. Doit-on rappeler qu'Aristide Maillol entretint des relations très étroites avec le plus célèbre sculpteur du IIIe Reich, Arno Breker (qui fut l'élève sans doute préféré de Maillol), et que ce dernier permit à sa muse, Dina Vierny, d'éviter la déportation. C'est pour ces raisons que Xavier Valls obtint une bourse pour se rendre à Paris en 1949 où il décide de s'installer définitivement en 1951. Il n'a donc pas fui l'Espagne, n'a jamais été un anti-franquiste déclaré comme on le lit souvent. La meilleure preuve est qu'il conservera des liens plus qu'étroits avec l'Espagne, s'y rendra systématiquement en vacances (été et Noël), y exposera sans aucun problème… et que son fils, Manuel Valls, y naîtra.

Dès 1951, il expose à Barcelone, à la galerie Syra, et l'année suivante, une de ses toiles obtient le Prix de l'exposition du Collège d'Espagne, à la cité universitaire. Cette toile, *Fabrique à Clignancourt*, sera même une des œuvres principales du très officiel V[e] salon d'octobre à Barcelone où il sera par la suite un exposant régulier. En 1953, une première exposition lui sera exclusivement consacrée à Barcelone. Tous les étés, il se rend dans la propriété de ses parents à Horta et c'est parce qu'il est né un 13 août que Manuel Valls est né en Espagne. D'ailleurs, cette année-là, Xavier Valls, profondément catholique, réalisera en France les vitraux de la chapelle catholique privée du ministre gaulliste Edmond Michelet. La famille s'agrandissant, Xavier Valls achète l'année suivante à Horta, une propriété de la fin du XIXe siècle. Là-bas, il retrouve sa famille restée en Espagne.

Un de ses cousins, Manuel Valls i Gorina (1920-1984), est par exemple une figure locale connue pour être l'auteur de la musique de l'hymne du FC Barcelone, *El Cant del Barça*, qui retentit pour la première fois en 1974, donc sous Franco. Il composera également la musique de l'opéra juif *Primera historia d'Ester* (1955) ou la musique d'un disque de chansons séfarades, *Canciones Sefarditas*. Bien que peu politisé, Manuel Valls i Gorina intégrera même la revue d'art et de réflexion tenue par les phalangistes *Espriu* (cf. Martin Nada, *20 écrivains catalans*, 1997). Xavier Valls est également le cousin de Roser Capdevila, née le 23 janvier 1939, connue dans le monde entier pour avoir créé en 1983 la série *Les Trois petites sœurs*, adaptée en dessin animé (diffusée dans 158 pays). Il faut donc tordre le coup de la légende du père qui a « fui le régime franquiste pour se réfugier en France » et aux sorties régulières sur « l'ambiance de plomb du régime franquiste » qui aurait poussé son père à « émigrer » outre-Pyrénées. *Capital* (novembre 2013), par exemple, le présente comme un « petit-fils de républicain espagnol », ou encore *Le Nouvel Economiste* (8 septembre 2011) comme issu d'« une famille ayant combattu le franquisme ». Ce qui, nous l'avons vu, est à l'inverse de la réalité historique.

Il semblerait d'ailleurs que c'est parce que Xavier Valls, catholique et conservateur, était un peintre figuratif (portraits, natures mortes et paysages principalement), peu en vogue sur la scène artistique du Barcelone des années 50 où régnait l'abstrait, que le père préféra demeurer à Paris et que Manuel Valls a grandi dans la capitale. Le ministre socialiste transforme donc la réalité à sa convenance quand il dit : « Mon père était mille et une choses, il était artiste et anti-franquiste. Dans ces deux qualités, tout est dit. Ma première figure d'autorité fut donc celle d'un homme qui s'érigea contre un ordre perverti » (*Sécurité - La gauche peut tout changer*, 2011). Sur *Catalunya Radio*, en septembre 2013, Manuel Valls évoquera une exposition des œuvres de son père à Madrid sous Franco en 1974 : « On a toujours parlé catalan à la maison. Mon père était un catalaniste, un républicain mais je me rappelle que c'est Madrid qui l'a accueilli dans les années 70 avant même que la Catalogne ne se souvienne qu'elle avait un grand peintre. » (en catalan dans le texte)

La vie de Xavier Valls, tant sur le plan artistique que familial, s'est donc déroulée sans entrave entre l'Espagne et la France. À Paris, il appartient au courant de la jeune peinture de l'école de Paris avec, entre autres Bernard Buffet, Maurice Boitel, Pierre Henry, Jean-Pierre Alaux, Françoise Gilot-Picasso, etc. En 1961, sa carrière a pris un tournant significatif quand il fait la connaissance du marchand d'art Daniel-Henry Kahnweiler qui le présente à la galeriste Henriette Gomes. Cette dernière devient alors son mécène régulier (versement mensuel) et en 1963, le Musée national d'art moderne achète une de ses toiles, *La Seine*. Ce peintre moderniste attaché à la tradition classique (beaucoup de natures mortes) a remporté de nombreux prix en Espagne, en France et dans les pays sud-américains.

Ses tableaux, très cotés, figurent aujourd'hui dans de nombreux musées internationaux, notamment français (un portrait du jeune Manuel Valls, *Retrat de Manuel*, a même été exposé au Musée de l'Orangerie en 2010 et a trôné dans son bureau du ministère de l'Intérieur). Ses parents furent des amis du Tout-Paris des arts et des lettres et fréquenteront, entre le Marais, Mabillon et Saint-Germain-des-Prés, Henry de Montherlant, Fernand Léger, Jean Genet, Hugo Pratt, Vladimir Jankélévitch, William Klein (qui le fera jouer dans un de ses films *Qui êtes-vous Polly Maggoo ?)*, Marc Chagall, Simone Signoret, Louis Aragon, Jean-Max Toubeau, Pierre Klossowski (le frère de Balthus), Théo Léger ou encore Alberto Giacometti, qu'il a rencontré à *La Coupole*. Il fréquente également les élites économiques comme Marouane Mabrouk, un des trois frères Mabrouk qui contrôlent la grande distribution en Tunisie et possèdent des actifs dans le secteur bancaire, les concessions automobiles et les télécommunications. D'ailleurs les parents de Manuel Valls seront présents au palais de Sidi Bou Saïd, en 1996, au mariage d'un des neveux de Mabrouk avec la fille du président Zine el-Abidine Ben Ali. En 1980, il obtiendra le prix Drouant de la critique française qui lui vaudra un passage sur *TF1*, le 24 avril 1980.

Une famille maternelle enrichie par l'exploitation de l'or colonial

Son père a épousé en 1958 Luisangela Galfetti, une institutrice de quinze ans sa cadette, originaire de Ludiano (Val Blenio) dans le Tessin. Elle parle le dialecte propre à ce canton de la Suisse italienne. Fille d'Ugo Galfetti (1905-1972) et d'Alban Legobbe (1908-1995), Luisangela Galfetti a grandi dans une famille qui a accédé à la bourgeoisie au travers de diverses aventures coloniales. Sa grand-mère maternelle, Luigia Monighetti, est née en Californie car son père avait participé à la ruée vers l'or. Du côté de son père, la famille avait choisi l'Afrique. Ugo Galfetti, avec son frère, a en effet bâti sa fortune en Sierra Leone, à Rokupr (près de Freetown), où il s'était installé. Ayant débuté dans le commerce de riz, de tissus et de machines, les frères Galfetti ont fini par contrôler la plupart des commerces de la ville (Harry Mitchell, *Remote Corners. A Sierra Leone Memoir*, Radcliffe Press, 2002) et se sont lancés dans le commerce de l'or. Ainsi le grand-père du Premier ministre socialiste, « une personne mythique » pour Manuel Valls, possédait-il, avec son frère Plinio, pas moins d'une dizaine de villas à Freetown, qu'ils abandonnèrent définitivement, chassés par l'indépendance du pays en 1961. D'ailleurs, le grand-père de Valls aura un fils, Plinio, avec une Sierra Léonaise. Dans *Pouvoir* (2010) Manuel Valls décrit cet oncle métis : « Je me suis souvent dit que mon oncle était une parfaite incarnation de la culture humaine. Fruit d'une double vie de mon grand-père maternel tessinois, il était sierra-léonais par sa mère [...] Riche de son héritage helvéto-africain, il a vécu à Londres toute sa vie qui vient de s'achever. C'est cela, pour moi, l'homme du XXIe siècle, c'est l'homme multiculturel. » Bref, la mère de Manuel Valls n'a donc connu son père qu'au gré des allers-retours entre la Suisse et la Sierra Leone. L'argent envoyé au pays permit aux enfants de suivre des études supérieures. Son frère, l'oncle de

Manuel Valls, Aurelio Galfetti, né le 2 avril 1936 à Lugano, est un architecte de renom, parfois considéré comme le fils spirituel de Le Corbusier. Il a notamment participé au jury du Stade de France et a restauré le Castelgrande de Bellinzone, un chantier énorme. Il a également beaucoup œuvré à Chambéry, étant un proche de Louis Besson, ancien ministre mitterrandien, ancien maire de Chambéry et de Chambéry métropole.

La misère : grandir dans une maison du Marais, face à l'île Saint-Louis

Manuel Valls a grandi rue de l'Hôtel de Ville dans une maison ancienne (et non un immeuble neuf) que la famille Valls occupe depuis plus de soixante ans (le père est arrivé en 1951), où, luxe suprême, son père disposera de son propre atelier. Il loue cet appartement très bien situé à la RIVP (Régie immobilière de la Ville de Paris), l'organisme de logement social de la ville de Paris, dont on connaît les prix de location très inférieurs à ceux du marché. La famille bénéficiera même d'un étage supplémentaire à partir du milieu des

© DR

Vue de l'île Saint-Louis et de Notre Dame de Paris depuis l'un des étages (ils en ont trois) de l'appartement de la famille Valls. Cela fait 62 ans que la famille Valls est logée à prix très préférentiel par la ville de Paris. On comprend que ces conditions de vie sordide aient rendu Manuel Valls socialiste.

années 70. En 1979, la famille risque l'expulsion. Une vaste opération immobilière est lancée dans le quartier Saint-Gervais. Après avoir été relogée un temps rue François Miron, la famille Valls récupérera très rapidement le beau triplex. C'est la seule famille du quartier à avoir pu y rester et certainement l'une des familles locataires de la Ville de Paris depuis aussi longtemps. Il faut dire que la famille est défendue par l'avocate Nicole Prévost-Bobillot, ancienne du MLF (Mouvement de libération de la femme) et engagée au Mouvement pour l'égalité parentale. Mais c'est surtout l'appui de personnes haut placées comme le directeur de la création artistique au ministère des Affaires culturelles, Bernard Anthonioz, qui s'entretiendra du problème avec le préfet Maurice Doublet, où encore l'intervention de Maurice Couve de Murville, qui pèseront dans la balance. Finalement, le juge donnera gain de cause à la famille. « Nous sommes les seuls rescapés » reconnaît la mère de Manuel Valls, qui habite toujours cette maison merveilleusement située : à deux pas de l'Hôtel de Ville de Paris et de l'église Saint-Gervais, dans un entrelacs de ruelles et d'immeubles particuliers somptueusement aménagés, donnant sur le quai de l'Hôtel de Ville (avec entrée par la rue de l'Hôtel de Ville), dans le très recherché IVe arrondissement, avec une vue réellement imprenable sur la Seine, à l'endroit où se croisent l'île Saint-Louis et l'île de la Cité. Soit un des plus beaux endroits de Paris… avec un loyer social pour un appartement au statut HLM.

Toujours en 1979, Xavier Valls sera fait chevalier des arts et des lettres par… Bernard Anthonioz. Dans le Tout-Paris, la mère de Manuel Valls est par ailleurs une amie d'Andrée Seillière (la sœur aînée d'Ernest-Antoine Seillière, ancien patron du Medef) et de son époux Yves Jaigu (1924-2012) qui fut directeur de *France Culture* (1975-1984). Bien qu'ayant bénéficié des largesses de l'État français, les parents de Manuel Valls n'ont jamais demandé la nationalité française. Ainsi votent-ils en Espagne « oui » au référendum du 6 décembre à la constitution qui fait de l'Espagne une monarchie constitutionnelle (score 88 % de oui) et votent ensuite pour Convergence démocratique de Catalogne, un parti autonomiste. Plus tard le père de Valls votera pour les catalanistes et sa mère, pour les socialistes. Xavier Valls, décédé le 16 septembre 2006, est enterré à Barcelone. Même s'il ne se dit pas « éternellement lié à la Catalogne », Manuel Valls y a quand même de très fortes attaches. Le 11 septembre 2011 sera pour lui l'anniversaire de la manifestation du 11 septembre 1977 à laquelle il participa à l'âge de quinze ans. Cette manifestation autonomiste pour la Catalogne du sud avait pour objet « l'Estatut », le statut de territorialité. Aujourd'hui, il connaît toute l'intelligentsia locale ainsi que nombre des dirigeants politiques catalans. Ainsi quand Pascal Brice (qui connaît Manuel Valls depuis 1984) sera nommé, par Chirac, consul général de France à Barcelone en 2006, Manuel Valls lui ouvrira son carnet d'adresses. En septembre 2012, lorsque le Conseil constitutionnel examine le sujet de la tauromachie, Valls en prend ardemment la défense : « Une culture qu'il faut préserver. » À noter que malgré tout Valls est beaucoup moins compréhensif pour les autres aspirations régionalistes. Dès sa nomination comme ministre de l'Intérieur, il garantira à son homologue espagnol la poursuite de la coopération policière française « jusqu'à la dissolution de l'ETA » (29 mai 2012). Pour ce qui est des Corses, Manuel Valls considère tout simplement que « la violence est culturellement enracinée dans l'île ».

Bref, Manuel Valls n'a pas grand-chose à voir avec le fils d'immigré classique monté à la force du poignet. Il a grandi dans le Marais dans une ambiance à cheval entre le catholicisme traditionnel et la bourgeoisie bohème naissante, le tout teinté de déracinement. Il a été baptisé le 24 août 1962 à la paroisse de Horta (Espagne), avec pour marraine Maria Buina et pour parrain Carlo Coccioli (1920-2003), un écrivain italien converti au judaïsme qui écrivit dans les années 50 un manifeste homosexuel, *Fabrizio Lupo*. Manuel Valls a toujours vouvoyé son père, comme c'est la tradition dans la bourgeoisie catalane. Son père était assidu à la messe et cite Saint-Augustin en exergue de ses mémoires. Petit, Manuel Valls joue au square de son quartier, le square de l'Archevêché, juste derrière Notre-Dame de Paris. C'est dans le quartier, rue Sainte-Croix-de-la-Bretonnerie, qu'il a suivi des cours de catalan, au Centre d'étude catalane de Paris. Il est allé à l'école maternelle rue François Miron et à l'école primaire rue du Grenier-sur-l'Eau. Il a ensuite étudié au collège du 21 rue Saint-Louis-en-l'île, avant d'entrer au Lycée Charlemagne. Plus tard, il militera dans la section PS du IVe arrondissement. Dans ce milieu intellectuel traditionnel, Manuel Valls a grandi sans la télévision et ses parents n'en feront l'acquisition que pendant son adolescence. Il a reçu une éducation très catholique : sa mère lui a donné des cours de catéchisme et il a été enfant de chœur à l'Église Saint-Gervais, puis à l'Église Saint-Roch. D'ailleurs sa sœur raconte : « Nous allions à la messe le dimanche. Je me suis demandée si Manuel n'allait pas faire le séminaire. » L'abbé Mitre est la personnalité religieuse qui accompagna la famille Valls. Il officiera lors de la cérémonie religieuse du premier mariage de Manuel Valls. Xavier Valls a évidemment fait baptiser la sœur de Manuel Valls, Giovanna Valls Galfetti, à l'église Saint-Gervais. Née le 18 décembre 1963 à Paris, elle est de seize mois la cadette de Manuel Valls. Elle aura eu un parcours plus que chaotique, puisqu'elle a consommé de l'héroïne à partir de 1984. Après une première désintoxication, elle a rechuté à trente-cinq ans : « Je suis devenue junkie, marginale, un fantôme [...] Un jour j'ai fait des analyses. J'ai reçu des résultats, ma mère était là. J'ai compris que j'étais infectée par le SIDA et l'hépatite C. » Après plusieurs séjours en prison, elle a finalement entamé un sevrage dans la forêt amazonienne au Brésil (2004). Elle s'est depuis installée dans la maison de famille à Horta.

Une seconde femme très ambitieuse

Manuel Valls a épousé, le 19 septembre 1987, Nathalie Soulié, originaire de Sainte-Geneviève-des-Bois (Essonne) qu'il avait connue à la faculté de Tolbiac où elle militait au Parti socialiste. Le mariage a été célébré selon le rite catholique à l'église Saint-Louis-en-l'île. Enseignante de formation, elle sera la secrétaire personnelle de Manuel Valls avant de devenir secrétaire d'AB Associates (1994-1999), la société de conseil d'Alain Bauer, puis de Michel Rocard. Elle a toujours eu un rôle politique auprès de Manuel Valls, l'accompagnant dans les campagnes électorales, notamment à Evry où Valls, menant une campagne à l'américaine, n'hésite pas à mettre en avant la « future première dame ». De ce premier mariage, Manuel Valls a eu quatre enfants. D'abord Benjamin, né le 14 mai 1991, puis Ugo, né le 26 juillet 1993, dont le parrain n'est autre qu'Alain Bauer. Ensuite viendront les jumeaux Joachim et Alice. Ugo Valls a monté à Evry un « business » de coques de téléphone portable, Allcoque, avec son « pote » Mohammed Aymenn Hichri. Manuel Valls semble avoir pris ses distances avec Nathalie Soulié à partir du début des années 2000. Entre 2005 et 2006, il a notamment vécu avec Sybil Cosnard (nous y reviendrons), alors directrice générale de l'urbanisme de la ville d'Evry, avec laquelle il achètera un appartement à Evry.

Manuel Valls a épousé en secondes noces la violoniste Anne Gravoin, le 1er juillet 2010. Mère d'une fille par une précédente union, Anne Gravoin refuse obstinément de se faire appeler « Madame Valls ». Née le 4 novembre 1965 à Montauban, où s'était établi son grand-père maternel, le docteur Cornfeld, elle est également issue, par sa mère (professeur d'anglais) d'une famille juive d'origine roumaine, arrivée en France dans les années 30. Premier prix de violon et de musique de chambre du Conservatoire supérieur de musique de Paris, devenue membre de la Fondation Menuhin, elle a intégré l'Orchestre symphonique de la région Centre-Tours, où elle restera comme soliste jusqu'en 2004. Son père, René Gravoin, était lui-même violoniste titulaire à l'Orchestre de *Radio France*. « Il n'était pas vraiment heureux avec toujours les mêmes musiciens, le même chef. Moi, je voulais faire plein de choses. J'étais à la fois dingue de classique mais aussi d'Earth Wind & Fire (*Le Parisien,* 29 juin 2012). »

Elle a donc formé en 2007 un quatuor à cordes, le *Travelling Quartet*, avec à son actif un album de reprise des chansons des Beatles (septembre 2010). Le groupe devait d'ailleurs se produire à Matignon pour la fête de la musique du 21 juin 2012, mais la représentation fut annulée à cause du cachet demandé (*L'Express* du 6 juillet 2012). Mais Anne Gravoin s'est surtout spécialisée dans l'accompagnement de vedettes de la chanson après une première collaboration en 1984 avec Laurent Voulzy. Les journaux évoquent systématiquement qu'elle a monté et dirige une société de production événementielle nommée Régie Orchestre. Il s'agit en fait d'une association, domiciliée à son domicile, disposant d'un numéro de SIREN/SIRET. Ce qui lui permet d'exercer exactement comme une entreprise sans en avoir nombre des obligations. Créée le 14 août 2003, l'association a pour objet des services annexes aux spectacles, comme des services de régie musicale ou plus généralement services liés aux domaines artistiques… L'association dispose d'un superbe site internet, qui rapporte les multiples prestations d'Anne Gravoin. Très curieusement, Anne Gravoin-Valls n'apparaît pas dans la structure de l'association,

© DR

Comme nombre d'hommes politiques, Manuel Valls affiche sa vie privée dans Paris Match.

sans doute afin de renforcer la confidentialité de cette dernière, bien qu'elle soit propriétaire de la marque Régie Orchestre à l'INPI. Les trois seuls dirigeants déclarés sont son père, René Gravoin, musicien retraité, domicilié à la même adresse que sa fille (président), Nathalie Goldstain, institutrice de maternelle, habitant Saint-Maur-des-Fossés (secrétaire générale), et Madeleine Royet, retraitée, habitant La Varenne-Saint-Hilaire. Anne Gravoin contrôle également la SCI Homer, domiciliée chez elle.

Via cette association, elle a honoré des contrats pour les opéras au Stade de France comme *Carmen* (mis en scène par Patrick Poivre d'Arvor en 2010) et *Aïda* (mis en scène par Elie Chouraqui en 2012). En 2013, Johnny Hallyday a fait appel à Anne Gravoin pour le recrutement des musiciens en vue de sa future tournée. C'est ainsi que Laeticia Hallyday aurait fait jouer cette relation, obtenant la suspension de la décision préfectorale de fermeture qui visait l'*Amnésia*, la boîte de nuit de son père, le sulfureux André Boudou (*L'Express*, 28 août 2013). Elle est l'accompagnatrice au violon de stars de la chanson comme Charles Aznavour, Julien Clerc, Roch Voisine, Liza Minelli ou Marc Lavoine…

Bref, Anne Gravoin ouvre à son mari ses réseaux « culturels », le *show-business* et n'hésite pas dans les dîners en ville, dont elle est friande, à raconter que « la carrière de Manuel » lui doit beaucoup (*VSD*, 1er novembre 2012). « C'est une belle histoire. Manuel et Anne, Anne et Manuel. Lui le taiseux, se contrôle en permanence. Elle, l'artiste ne connaît pas la langue de bois », résument Jacques Hennen et Gilles Verdez. En réalité, Manuel Valls est un rétro-sexuel, puisqu'il a connu Anne Gravoin au milieu des années 80 : « Quand nous nous sommes connus, il était d'une dureté, d'une raideur que vous n'imaginez pas. Je n'arrivais pas à décoder le personnage » se confiait-elle à *Gala* (27 octobre 2013) à propos d'une relation qui dura six mois à l'époque. En 2004, elle recontacte Manuel Valls et reverra l'« amour de ses 20 ans » en 2006. « Un coup de foudre mutuel » dira-t-il en février 2010 dans *Vivement dimanche* chez Michel Drucker. Le mariage arrivera quelques mois après l'émission.

Organisé à l'Hôtel de Ville d'Evry, ce remariage est l'occasion pour Manuel Valls d'une démonstration dans son fief. « Chaque communauté de la ville a préparé une spécialité culinaire » raconte son oncle Aurélio Galfetti. Manuel Valls a choisi pour témoin Ibrahima Diawadoh N'Jim, son chargé de mission de coopération décentralisée à la mairie d'Evry et qui deviendra chargé de mission… à la diversité au cabinet du ministre de l'Intérieur. Jean-Paul Huchon, Tony Dreyfus, Claude Bartolone, Alain Bauer ou encore le journaliste Claude Askolovitch sont de la fête. Marek Halter également, avec sa femme Clara. Il raconte le mariage : « C'était amusant, la mairie était pleine à craquer. Anne, d'origine juive, avait invité une branche de sa famille, des Juifs orthodoxes. Il y avait là un public bigarré, hétéroclite, provenant de tous les horizons » (Gilles Verdez et Jacques Hennen). Pendant la campagne de l'élection présidentielle de 2012, elle a joué un rôle dans le rapprochement Hollande-Valls en devenant la confidente de Valérie Trierweiler et le couple Valls sera convié au fort de Brégançon durant les vacances d'été en août 2012.

Le couple ne vit pas au ministère, mais dans un petit passage du quartier de la Bastille, la rue Keller… à deux pas du *Théâtre de la main d'or* de Dieudonné M'Bala M'Bala. D'ailleurs *Valeurs actuelles* du 30 janvier 2014 écrivait : « De nombreuses sources, place Beauvau, attestent du "jusqu'au-boutisme" d'Anne Gravoin, elle-même membre de la communauté juive, dans la lutte contre l'humoriste controversé. Une influence qui expliquerait que Manuel Valls ait mis tout son poids dans un combat pourtant loin d'être prioritaire. » Incommodée par les Roms quand elle fait les courses, Anne Gravoin demandera à son ministre de l'Intérieur de mari de faire intervenir la police (*Le Canard Enchaîné*, octobre 2012). Comparable à Madame Sans Gêne, Anne Gravoin n'est pas du genre à douter du destin présidentiel de son couple et ne se prive pas de sorties peu diplomatiques telles que : « C'est sûr qu'une musicienne c'est un peu plus glamour que Mme Ayrault, prof d'allemand dans la banlieue de Nantes ! » (*Le Parisien* du 29 juin 2012).

Comme le notait *Le Monde* (21 février 2014), la rupture entre Valérie Trierweiler et le couple Valls-Gravoin a été aussi brutale qu'intéressée : « Au grand meeting du Bourget, en janvier 2012, Manuel Valls, alors directeur de la communication du candidat Hollande, avait "zappé" purement et simplement Ségolène Royal du petit film qu'il coordonnait, construisant ainsi le court-métrage dont "Valérie" et peut-être bon nombre d'éléphants rêvaient : un président sans passé conjugal et un PS sautant à pieds joints par-dessus la présidentielle de 2007. C'était l'époque où tout-ce-que-disait-Valérie était juste, tout-ce-que-faisait-Valérie était bien, Manuel Valls lui avait réservé un bureau au QG de campagne, elle aurait "son" cabinet à l'Élysée […] Anne Gravoin, la femme du ministre de l'Intérieur, conviait "Valérie" à faire son shopping avec elle, la retrouvait en couple au théâtre, au spectacle, lors de dîners communs. En réveillonnant encore avec elle le 31 décembre 2013, à la Lanterne […] Aujourd'hui […] Valérie les tient tous pour des "traîtres". »

Un pur apparatchik de la politique

Le « pacte de Tolbiac »

« À dix-huit ans, il quitte Dieu pour vénérer Marianne et la République française. À dix-neuf, il devient français. »

Jacques Hennen et Gilles Verdez (*Manuel Valls, les secrets d'un destin*, Éditions du Moment, 2013).

Le destin politique de Manuel Valls tient à une rencontre essentielle, celle avec Stéphane Fouks (annexe 3), futur pape de la communication politique et administrateur du Crif, et avec Alain Bauer (annexe 2), futur Grand Maître du Grand Orient de France et pape de la sécurité urbaine. Les trois passeront entre eux ce que l'on appelle aujourd'hui le « pacte de Tolbiac ». Dans *Tout sur la Mnef* (Numéro 1, 2000), Olivier Spithakis raconte : « Il y a parmi nous de jeunes rocardiens, avec à leur tête Stéphane Fouks, qui sera administrateur de la Mnef, manœuvrier de premier ordre et actuel bras droit de Jacques Séguéla à Euro RSCG, Alain Bauer (qui deviendra plus tard administrateur de la Mnef et enseignant à l'IEP. En 1998, il prendra en charge la gestion de la "carte jeunes" associée à la Mnef), son compère, futur consultant en sécurité urbaine et responsable franc-maçon, et un tout jeune homme, Manuel Valls (qui deviendra également administrateur de la Mnef), appelé à devenir le porte-parole du Premier ministre Lionel Jospin. Ils ont mis au point un scénario pour contrer une proposition qui ne nous convient pas. À intervalles réguliers, ils sortent de la salle du congrès et s'enferment dans une cabine téléphonique d'où ils "demandent ses directives à Michel Rocard". La plupart du temps, ils se contentent d'appeler l'horloge parlante. Mais cette théâtralité en impressionne plus d'un. » En fait, ils roulent pour François Mitterrand, afin de gravir au plus vite les marches du pouvoir. Stéphane Fouks avoue : « Nous étions idéologiquement des rocardiens, et politiquement des mitterrandistes. »

Le Monde (27 novembre 2012) vend ainsi la mèche : « Pendant que Stéphane Fouks invente la communication politique et institutionnelle chez Euro RSCG et évite de se montrer trop regardant sur ses clients en Afrique

© DR

Manuel Valls, Alain Bauer et Stéphane Fouks dans le bureau de leur mentor Michel Rocard dans les années 80 (photo figurant sur le blog de Manuel Valls).

ou en Europe de l'Est, Alain Bauer, surfant sur le développement des polices municipales, se lance dans l'ingénierie sécuritaire et la vidéosurveillance à Vitrolles, Manuel Valls, atypique licencié en histoire dans un monde d'énarques, gravissait les marches du pouvoir. » Valls reconnaît d'ailleurs : « Je fais alors carrière au sein du courant Rocard, je me prépare à devenir un professionnel de la politique » (*Libération* du 9 octobre 2011).

Élève médiocre alors qu'il évolue pourtant dans un milieu social, intellectuel et culturel particulièrement aisé, Manuel Valls n'obtient son bac A2 (Lettres-Langues) que de justesse, grâce notamment au catalan. En 1980, il s'inscrit à « Tolbiac la rouge », « parce que je sais, explique-t-il (*Manuel Valls, les secrets d'un destin*), que cette fac n'est pas d'extrême droite, qu'elle bouge. » Après une année en droit qui sera un échec, il bifurque vers de moins contraignantes études d'histoire. Pendant ses études il sera pion au lycée Fénelon et il ne finira diplômé que d'une modeste licence d'histoire (et non un DEA comme cela a été souvent écrit). L'université fut surtout pour Manuel Valls, l'occasion de l'apprentissage du militantisme et de la formation de solides réseaux pour la suite. Il a adhéré à 17 ans au Parti socialiste, non sans avoir écrit au premier secrétaire fédéral adjoint PS

Valls, Bauer, Fouks

Le pacte de Tolbiac

La politique pour l'un, les réseaux policiers et francs-maçons pour le deuxième, le lobbying et le marketing pour le dernier : c'est à la fac de Tolbiac, en 1980, que Manuel, Alain et Stéphane se sont partagé les rôles et ont posé les bases du futur logiciel de la gauche des années 2000, entre libéralisme et sécuritarisme

Le Monde du 27 novembre 2012 a publié l'article le plus détaillé sur l'alliance existant dès 1981 entre le futur ministre de l'Intérieur, le futur Grand Maître du Grand Orient de France et le futur pape de la communication politique. Chacun a aidé l'autre en lui faisant la courte échelle.

de Paris, chargé des adhésions, un certain Bertrand Delanoë, afin de lui demander, si le parti acceptait l'adhésion d'un étranger. Toujours espagnol, Manuel Valls ne votera pas François Mitterrand en 1981, n'ayant opté pour la nationalité française qu'en 1982. C'est en obtenant la nationalité française que Manuel Valls-Galfetti devint Manuel Valls (chez les Espagnols, on porte le nom des deux parents). Il profita d'ailleurs de la loi de décembre 1983 qui levait l'interdiction faite aux naturalisés récents (moins de dix ans) de briguer un mandat électoral. Sur son adhésion au Parti socialiste, il précise dans *Les Habits neufs de la gauche* (Robert Laffont, 2006) : « Le choix du Parti socialiste fut donc plus un choix par défaut qu'une adhésion massive à la doctrine du parti né à Epinay. »

À Tolbiac, Manuel Valls va œuvrer dans le syndicalisme étudiant et y apprendre la seule chose qu'il sache faire, c'est-à-dire la politique professionnelle, en véritable apparatchik. Contrairement à ce qu'indique Denis Pingaux, dans *À gauche de la gauche* (Seuil, 2000), il n'a semble-t-il jamais appartenu à l'Organisation communiste internationaliste (trotskistes lambertistes), du moins nous n'en avons trouvé aucune trace. C'est aux réseaux rocardiens, très influents dans les années 80 et composante majeure de la « deuxième gauche », que Valls doit son ascension. À peine entré à l'université, il s'est découvert un talent d'orateur à l'occasion du tremblement de terre dans l'Irpinia (Italie) du 23 novembre 1980. Repéré par Alain Bauer et Stéphane Fouks, il sera le haut-parleur du trio. Membre des Jeunesses socialistes dès 1975 (section de Charenton), Stéphane Fouks est devenu vice-président de l'UNEF en 1979. Il a déjà son style : « Il avait une grande facilité d'élocution. Il improvisait avec des formules qui faisaient choc. Ce n'était pas un homme de dossier, le fond ne l'intéressait pas (*Stratégies*, 27 mai 1991). » Bauer, de son côté a d'abord rejoint le Ceres de Jean-Pierre Chevènement, avant de se recentrer rapidement au sein des Jeunesses rocardiennes (après le congrès de Metz), dont il prendra la tête de 1981 à 1988 (étant également président des Clubs Forum XXI).

Flanqué de ses deux acolytes, Manuel Valls peut commencer à assouvir son ambition dévorante. Comme le résume *Le Monde* du 27 novembre 2012, les trois hommes partiront à la conquête du pouvoir : « La politique pour l'un, les réseaux policiers et franc-maçons pour le deuxième, le lobbying et le marketing pour le dernier : c'est à la fac de Tolbiac en 1980, que Manuel, Alain et Stéphane se sont partagé les rôles et ont posé les bases du futur logiciel de la gauche des années deux mille, entre libéralisme et sécuritarisme. Et Julien Dray de confirmer : « J'arrive un jour à la "cafèt" de Tolbiac. J'ai le triumvirat en face de moi [...] Bauer se lance dans les confidences : "Moi, je rêve un jour d'être Grand Maître." Fouks prend la parole à son tour. "Moi, je ne veux pas forcément faire de la politique mon métier. J'aime la communication." Valls prend la parole en dernier : "Moi, j'aime la France, j'aimerais devenir président de la République. Mais pour ça, avant il faut que je sois français." » Clé essentielle : ils se sont connus à dix-huit ans et demeureront inséparables tout en occupant chacun des fonctions stratégiques. Bref, c'est à celui qui fera la courte échelle à l'autre.

Marginaliser le PCF et les gauchistes avec l'alliance socialistes-lambertistes

Ayant adhéré au MJS, Manuel Valls anime très vite un petit journal rocardien, *Mouvement.* En décembre 1980 après l'évacuation d'un foyer d'immigrés à Vitry-sur-Seine par la municipalité communiste (qui luttait à l'époque contre l'immigration), Alain Bauer titrera *La Municipalité communiste broie du noir*. Pour cela, Valls et Bauer risqueront une exclusion du MJS. Mais les représentants de la direction de ce mouvement (ainsi que des membres du Ceres comme Denis Olivennes) venus à Tolbiac pour demander des explications, se heurteront au comité sioniste de Tolbiac qui faisait alors partie du MJS. Valls, énigmatique, raconte l'épisode sans donner de détails : « Fouks n'était pas au Bétar mais il participait à tout ça. » (entretien avec Gilles Verdez et Jacques Hennen). En fait, le trio Valls, Bauer, Fouks a déjà quadrillé Tolbiac. Peu avant, les jeunes rocardiens ont été parties prenantes du congrès de l'UNEF à Nanterre au début du mois de mai 1980. Congrès qui a débouché sur une réunification avec la fondation de l'UNEF-Indépendante et démocratique (UNEF-ID), regroupant les militants de la gauche non communiste qui appartenaient à deux entités, l'UNEF-US et le Mouvement d'action syndicale.

Le président de l'UNEF-US, Jean-Christophe Cambadélis, membre de l'Organisation communiste internationaliste (trotskistes lambertistes), est élu nouveau président de l'UNEF-ID (Bauer est son conseiller spécial) et Stéphane Fouks appartient au bureau national. L'alliance entre les rocardiens et les trotskistes lambertistes a pour objet de mater l'emprise du PCF sur le syndicalisme étudiant, exercée à travers l'UNEF-Renouveau. C'est ce qui explique ce pacte implicite, cette alliance en apparence contre-nature, entre Cambadélis, dit « Kostas », dauphin de Pierre Boussel-Lambert d'un côté et la « troïka Bauer-Valls-Fouks » de l'autre. Les rocardiens ont ainsi obtenu leur part d'autonomie. Ces derniers, en service commandé, et avec l'accord des lambertistes, ont réussi à faire main basse sur le Mouvement des jeunes socialistes. Serge Faubert, alors au service d'ordre de la LCR, résume leur rôle à l'époque : « On ne se méfie pas d'eux alors que les rocardiens n'avaient qu'une mission : nettoyer la fac des gauchistes en faisant alliance avec les lambertistes, imposer les socialistes à Tolbiac sous l'étiquette d'un nouveau syndicat fondé en 1980, l'UNEF-ID. » C'est d'ailleurs au début de l'ère Mitterrand que beaucoup de trotskistes adhèrent au PS : Julien Dray en tête, mais aussi Stéphane Rozès, Didier François, Marc Rozenblatt, Jean-Christophe Cambadélis, Laurence Rossignol...

L'année où Fouks cofonde le Mouvement des jeunes rocardiens (1981), Alain Bauer, dix-huit ans, est initié au Grand Orient de France, tandis que Valls est secrétaire du MJS Tolbiac et conseiller pour les affaires étudiantes de Michel Rocard. Il donne d'ailleurs cette année-là un coup de main à Paul Quilès dans la circonscription où est installée la faculté (législatives 1981). Bientôt Valls intègre l'équipe nationale du MJS comme secrétaire à l'international (1981-1986) et devient membre du bureau international des jeunes socialistes. Quand les listes se constituent, Valls est élu à l'UFR d'histoire, puis siégera au conseil d'administration de Paris-I, en tant que représentant UNEF-ID (à l'époque parmi ses camarades de l'UNEF figure un certain Patrick Cohen, aujourd'hui animateur de la matinale de *France Inter*). UNEF-ID dont il sera membre du bureau national (1983-1986).

Plus tard, Manuel Valls, gardera encore un œil sur l'Unef et surtout sur la Mnef comme l'indique une lettre datée du 21 septembre 1990. Alors chargé de mission du Premier ministre Michel Rocard, il écrira, à en-tête du Premier ministre, au « Président et Cher ami de la Mnef » Dominique Levêque : « Depuis des années, nos relations sont basées sur la confiance et le respect des dispositions arrêtées en commun avec moi-même et Alain Bauer. » Manuel Valls regrette ensuite amèrement qu'un « des points dont nous avions convenu n'ait pas été mis à l'ordre du jour [...] Emmanuel Couet, vice-président de l'Unef-ID, n'est pas rentré au conseil d'administration [...] Je me réserve [...] la possibilité de réunir d'autres administrateurs afin d'étudier en commun leur propre retrait de cette instance. [...] Je suis sûr que tu trouveras, en accord avec Olivier Spithakis (NDLR : le directeur général et véritable patron), les moyens de résoudre ce que je veux considérer comme un incident. » Dans cette lettre (révélée par *Le Parisien* du 13 septembre 2000), Manuel Valls présente donc sa démission du conseil et annonce d'éventuelles mesures de représailles. On notera qu'Alain Bauer sera encore nommé au milieu des années 90, par Spithakis, à la direction d'une filiale de la Mnef.

En attendant, la jeune troïka rocardienne favorisera l'élection de Jacques Soppelsa à la présidence de Paris-I en février 1982. Alain Bauer devient ainsi son vice-président (jusqu'en 1988), disposant déjà d'une voiture avec chauffeur. Fouks, quant à lui entre au comité directeur du PS (il en est le plus jeune membre, à 22 ans). Après l'élection de Mitterrand, les trois complices culottés iront demander à Michel Rocard en personne une autonomie totale du MJS par rapport au PS et obtiendront gain de cause.

Initié franc-maçon très jeune

En 1989, Manuel Valls sera initié à la franc-maçonnerie par Jean-Pierre Antebi, par ailleurs trésorier de la Ligue internationale contre le racisme et l'antisémitisme (Licra), à la fameuse loge *Ni Maîtres, ni Dieux* du Grand

Orient de France. Décédé en mai 2007, Antebi, fut notamment vénérable d'honneur de la loge *Université maçonnique* et grand secrétaire aux affaires extérieures. Plus tard, Bauer et Fouks et Valls appartiendront à la même loge du GODF, *L'Infini maçonnique* (*Le Nouvel Observateur*, 21 avril 1994, *Faits & Documents* n° 98). Manuel Valls se serait éloigné de la franc-maçonnerie à partir de 2002. Même s'il assure qu'il ne fréquente plus les loges et en a démissionné (*L'Express*, 23 août 2007), cette appartenance maçonnique a très certainement été un formidable accélérateur de carrière.

Signe de son souci de la franc-maçonnerie, et plus particulièrement du Grand Orient de France, il a, en tant que ministre de l'Intérieur, « innové » dans l'histoire de la Vᵉ République en organisant une cérémonie de bons vœux 2014 exclusivement devant un parterre de dirigeants maçonniques. Comme l'a rapporté le blog maçonnique du journaliste François Koch de *L'Express* (31 janvier 2014) : « Au cours de la cérémonie de vœux qu'il a offerte aux obédiences maçonniques le 30 janvier en début de soirée au ministère de l'Intérieur, Manuel Valls a exhorté les francs-maçons à se battre contre les extrémismes, l'extrême-droite, Dieudonné en particulier... et en stigmatisant les attaques indignes de la manifestation "Jour de colère" du 26 janvier dernier. Dans un discours très républicain, où le terme laïcité a été utilisé plusieurs fois, Manuel Valls a souligné le rôle positif de la franc-maçonnerie dans la construction de la République française. Pour écouter le ministre Valls, boire le champagne et déguster les petits-fours, 35 francs-maçons se sont déplacés au ministère de l'Intérieur sur les 50 prévus. Quatre obédiences étaient représentées : GODF, GLNF, GLFF et GLAMF. Chacune avait été invitée par l'Intérieur à composer sa délégation. Pour le GODF, plusieurs conseillers de l'Ordre représentaient le Grand Maître Daniel Keller (retenu à Brignoles pour une conférence où il expliquait pourquoi un franc-maçon ne peut pas être membre du FN) et l'on comptait également trois anciens Grands Maîtres : Philippe Guglielmi, Alain Bauer et Jean-Michel Quillardet. La Grande Maîtresse Catherine Jeannin-Naltet représentait la GLFF... et était accompagnée d'Yvette Roudy, ex-ministre des Droits de la Femme. Alain Juillet, Grand Maître, représentait la GLAMF, et Jean-Pierre Servel, Grand Maître, la GLNF. Roger Dachez était également présent pour l'IMF. De mémoire de maçons, c'est la première fois qu'un ministre de l'Intérieur offre une cérémonie de vœux aux obédiences. Nicolas Sarközy l'avait fait, mais en tant que Président de la République. »

Stéphane Fouks, reconverti depuis dans le lobbying et la publicité, est depuis le 18 juillet 2013 membre du Comité directeur et de l'Assemblée générale du CRIF. Alain Bauer, a été de son côté le plus jeune Grand maître du Grand Orient de France de 2000 à 2003. Tous les deux continuent à conseiller, quasi quotidiennement, Manuel Valls, étant par ailleurs étroitement liés familialement (Bauer est le parrain du deuxième fils de Valls et a employé la première épouse de Valls). Ils organisent en général une grande fête commune pour leurs anniversaires respectifs.

De Rocard à Hollande en passant par Jospin

« Je sais que je suis fait pour exercer les plus hautes responsabilités dans mon pays… »

Rue 89, 5 juillet 2011

À peine a-t-il eu la nationalité française qu'il se rend déjà à Madrid pour fêter la victoire des socialistes espagnols. Responsable national du MJS, Manuel Valls doit effectuer son service militaire l'année suivante. Ce qui sera largement facilité par l'entremise de Jean-François Dubos (l'actuel président du directoire de Vivendi), qui milite au Parti socialiste dans la même section qu'Alexandre Adler, Maurice Benassayag et Pascal Boniface et occupe surtout le poste de conseiller du ministre de la Défense Charles Hernu (une fonction qu'il occupe jusqu'en 1984 avant d'intégrer le Conseil d'État). Dubos accepte de pistonner Manuel Valls qui fera ses classes à Fontainebleau (octobre-novembre 1984), trouvant le moyen de se blesser (il n'a plus jamais touché un fusil). Il finira donc ses classes à la Fondation pour les études de défense nationale aux Invalides, au cœur de Paris, jusqu'à l'été 1985. Plus tard, le 7 novembre 2012 Manuel Valls présentera au conseil des ministres la promotion de l'épouse de Dubos, propulsée de sous-préfet d'Argenteuil à préfet délégué à l'égalité des chances pour la région Rhône-Alpes.

Si on observe avec attention son parcours, on constate aisément que Manuel Valls n'a jamais exercé un véritable métier de sa vie, même s'il se présente comme « cadre » aux élections régionales de 1986. Il a fait carrière comme permanent politique, d'abord appointé par son parti puis, ensuite, en étant financé par les contribuables. À la fin de son service militaire, on retrouve Valls comme assistant parlementaire du député PS de l'Ardèche, le franc-maçon Robert Chapuis (ancien dirigeant du Parti socialiste unifié) à l'Assemblée nationale (1983-1986), puis au secrétariat d'État à l'Enseignement technique (mai juin 1988). Tout en étant parallèlement président des Clubs Forum pour accompagner la candidature – avortée – de Michel Rocard à l'élection présidentielle de 1988, Valls passe ensuite à Matignon auprès de Michel Rocard (la CSG, le RMI et les accords de Nouméa en Nouvelle-Calédonie seront l'œuvre du mentor), une fois Mitterrand réélu. Il est bombardé comme adjoint de Guy Carcassonne, alors au cabinet de Rocard en charge des relations avec le Parlement. Mais le poste n'est pas suffisant pour l'ambitieux. Il s'extrait du pôle parlementaire pour être affecté immédiatement au pôle de la jeunesse et des sports.

À 27 ans le voilà au cœur de l'appareil d'État. Aussi, quand Rocard quitte Matignon, Jean Glavany lui propose le poste de délégué interministériel adjoint aux Jeux olympiques d'Albertville et à la préparation de la présence française aux Jeux olympiques de Barcelone (1991-1992), avant d'être chargé de mission pour le Stade de France (son oncle Aurelio Galfetti fera d'ailleurs partie du jury). Autant de postes qui lui laissent largement le temps de s'investir en politique. En octobre 1993, il devient secrétaire national à la communication auprès de Michel Rocard, après avoir été à la manœuvre pour l'éviction de Laurent Fabius après l'échec des législatives de 1993. Après la défaite de Michel Rocard aux européennes de juin 1994, il se choisit un nouveau champion, Lionel Jospin.

Parallèlement il est devenu conseiller régional d'Ile-de-France, alors au titre de Paris, à partir de 1986 (il est le premier non-élu de la liste, mais Lionel Jospin lui libérera sa place), avant d'être parachuté dans le Val-d'Oise (1987), comme patron de la section PS d'Argenteuil-Bezons. Succédant à Henri Kaminska, il devient rapidement premier secrétaire de la fédération du Val-d'Oise avec l'aide bienveillante d'Alain Richard, député-maire de Saint-Ouen-l'Aumône (ville voisine d'Argenteuil sous contrôle communiste) et surtout pilier des réseaux rocardiens. C'est donc à Argenteuil que Valls va essayer de se constituer un fief. Il n'y arrivera jamais (dans un spot électoral, il parle même de « ma banlieue » pour désigner Argenteuil avec de faux airs du chanteur Renaud). Aux élections municipales de 1989, ralliant à lui les mitterrandistes d'Argenteuil grâce à la franc-maçonnerie, il fait liste commune avec l'omnipotent Robert Montdargent, maire communiste depuis 1977, pour former une liste Union de la gauche. Maire adjoint

Michel Rocard

Mon cher Manuel,

Chacun de nous sait que la campagne des législatives sera difficile car les Français sont inquiets pour leur avenir et celui de leurs enfants.

C'est pourquoi, dans un monde en pleine mutation et face à une droite dont l'expérience nous a enseigné les excès, nos principes de liberté, d'égalité et de solidarité sont plus que jamais nécessaires à la France et aux Français.

Les convictions et les valeurs qui sont les nôtres sont, je crois, seules sources d'espoir vrai. Pour bien te connaître, je te compte parmi mes collaborateurs, je sais l'homme que tu es, attentif aux problèmes de société et soucieux des conditions de vie de nos concitoyens.

C'est pourquoi je souhaite vivement que les Argenteuillais et les Bezonnais t'accordent leur confiance.

Avec mon cordial soutien, je t'adresse mes vœux de réussite.

Bien à Toi,

M. Rocard

Manuel VALLS

Avant de conquérir Evry, Manuel Valls a tenté de s'implanter à Argenteuil. Bien que maire adjoint, il démissionne en 1998 faute de chance de conquérir la mairie communiste. Michel Rocard lui avait pourtant apporté son soutien aux élections législatives de 1993.

de la mairie communiste d'Argenteuil (1989-1998), il rompt avec le maire en milieu de mandat en 1992. Il s'allie alors avec un autre communiste, Roger Ouvrard, pour les élections municipales de 1995, devenant son adjoint aux affaires sociales.

Alors qu'il voulait « dégommer » le communiste Robert Hue dans la 5e circonscription du Val-d'Oise en 1993, il arrive en quatrième position (11,94 %), derrière le candidat frontiste avec 17,32 % des voix (Robert Hue est élu dès le premier tour). Pendant la campagne, le patron du PCF avait demandé à Jospin de calmer le jeune homme qui lui « mordillait les mollets ». Il échouera de nouveau aux législatives de 1997. Pour se consoler, il se satisfera d'une place de vice-président au conseil régional d'Ile-de-France (1998) et va participer, jusqu'en 2002, à la gestion du budget colossal de la première région de France. Sacrifié sur l'autel de l'union de la gauche dans le Val-d'Oise et n'ayant aucune chance de se faire élire avant une décennie, Valls sera finalement recasé dans l'Essonne, département où il va enfin « percer ».

```
                    FR FRS0785 4 GP  0239FRA /AFP-VR76
Immigration
"Baptêmes républicains" à la mairie d'Argenteuil

   ARGENTEUIL, 17 mars (AFP) - Vingt-et-un "sans-papiers" ont reçu samedi un
"baptême républicain" à la mairie d'Argenteuil (Val-d'Oise), cérémonie sans
aucune valeur légale mais par laquelle leurs parrains et marraines se sont
engagés à aider leurs filleuls à rester légalement en France.
   La cérémonie s'est déroulée en présence du maire communiste, Roger Ouvrard,
et de plusieurs adjoints, dont le premier secrétaire fédéral du Parti
socialiste, Manuel Valls.
   "Il ne s'agit pas de justifier l'immigration clandestine et sauvage, mais
d'aider des citoyens intégrés à sortir de la clandestinité", a déclaré M.
Ouvrard.
   Le député Georges Mothron (RPR) a pour sa part mis en garde la municipalité
contre ce qu'il a qualifié de "provocation" et d'"appel à la désobéisance
civile".
   A l'issue de la cérémonie, il a rendu public le texte d'un jugement de
novembre du tribunal de grande instance de Paris condamnant l'organisatrice de
la cérémonie, Alima Boumediene-Thiery, coordinatrice du collectif local de
défense des sans-papiers, à six mois de prison avec sursis pour faux en
écriture et établissement d'un document au contenu inexact. Mme
Boumediene-Thiery avait accepté de modifier un bulletin de salaire pour
permettre au bénéficiaire en difficulté de postuler à l'attribution d'un
logement social que celui-ci n'avait d'ailleurs pas obtenu.
   JPC/pl/phb

AFP 171726  MAR 97
```

Lorsqu'il n'était pas ministre de l'Intérieur, mais maire adjoint d'Argenteuil et premier secrétaire fédéral de l'Essonne, Manuel Valls parrainait les immigrés clandestins.

En « jeune loup », Manuel Valls est entré comme suppléant au comité directeur du Parti socialiste à 27 ans, et siégera bientôt au bureau national du PS, d'abord en charge de la communication, de la formation et de la communication (1993-1994), puis chargé de la communication (1995-1997). Quand Jacques Chirac annonce la dissolution (1997), Valls, au service de Lionel Jospin, met en place, avec Stéphane Fouks, un « kit électoral » pour tous les candidats socialistes. Lionel Jospin nommé à Matignon, c'est Valls qui sera chargé de coordonner la communication et les relations avec la presse, jouant redoutablement des coudes avec la porte-parole du gouvernement Catherine Trautmann. Il ne fait pas alors vraiment l'unanimité : « Les méthodes de ce Catalan d'origine, écrit *L'Express* du 30 août 2007, sont parfois brutales : colères, menaces, contre les journalistes d'agence installés rue de Varenne pour suivre au jour le jour l'action du chef du gouvernement, les rages homériques du jeune socialiste sont bien connues. »

Comme ce jour du 13 septembre 1999, où, poussé dans ses retranchements par Claude Sérillon (ce qui n'est pas peu dire), Lionel Jospin lâche « Il ne faut pas attendre tout de l'État. » Le lendemain Valls appelle Pierre-Henri Arnstam, le directeur de l'information : « C'est scandaleux ce qui s'est passé hier à l'antenne ! Sérillon a posé de très mauvaises questions ». Plus tard Arnstam sera convoqué par la directrice générale de *France 2*, Michèle Cotta, et le président de France Télévisions, Marc Tessier : « On a été prévenu par Valls que tant que Sérillon présentera le journal, le Premier ministre ne viendra plus sur *France 2* » (*Le Monde,* 13 janvier 2013). Arnstam et Sérillon seront débarqués quelques mois plus tard. Il sommera également la rédaction du *Vrai journal* de *Canal*+ d'arrêter d'enquêter sur les liens de Jospin avec le trotskisme. On notera par ailleurs que Lionel Jospin refusera qu'Euro RSCG ait un contrat avec Matignon. Valls démissionne finalement en avril 2001, après avoir été difficilement élu maire d'Evry (Essonne). Il assurera toutefois encore la non-communication de Lionel Jospin lors de l'élection présidentielle de 2002.

Désormais implanté, il a enfin été élu député en 2002, l'ayant emporté, avec 53,2 %, dans la 1re circonscription de l'Essonne en battant l'UMP (et « frère ») Serge Dassault (qui ira jusqu'à participer à son remariage en 2010, y étant le seul élu « de droite »). Il est réélu, en 2007, avec 60,12 % face à l'UMP Cristela de Oliveira, puis en 2012 (65,58 % des voix au second tour).

Chargé de la politique de la ville au bureau national du PS (2002-2003), il devient en mai 2003, à l'issue du congrès de Dijon, n° 4 chargé de l'organisation et assure de sa loyauté François Hollande, alors premier secrétaire. Il soutiendra curieusement le « non » lors du référendum interne au PS sur la Constitution européenne, pour finalement voter « oui » au référendum : « Manuel, c'est le seul socialiste qui ait réussi cet exploit : perdre deux fois. Il disait non quand le parti a dit oui, et il a dit oui quand les Français ont dit non » résumera un membre de la direction du PS (*L'Express*, 30 août 2007). Lors du Congrès (Sénat et Assemblée nationale réunis) du 4 février 2008, il votera pour la ratification du Traité de Lisbonne. Désormais européiste pratiquant, il se prononcera en 2010, pour le contrôle par la Commission européenne des budgets nationaux, en jugeant cela « incontestablement » nécessaire.

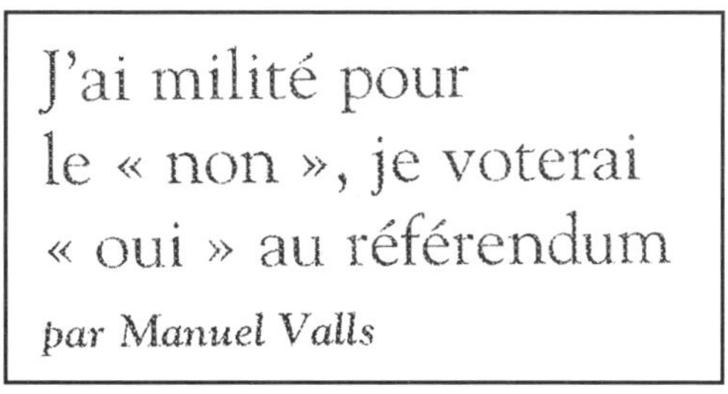
J'ai milité pour le « non », je voterai « oui » au référendum

par Manuel Valls

En pur apparatchik, Manuel Valls, député de l'Essonne et membre du bureau national du PS, appelle à voter « oui » au référendum sur la constitution européenne alors qu'il était partisan du « non » (Le Monde, 18 mars 2005).

Il est très vite approché par Nicolas Sarközy (également proche d'Alain Bauer), qui l'emmènera au Maroc en février 2004. Dans l'avion Sarközy lui glisse « Manuel, tu verras… Un jour je te proposerai de travailler avec moi… Et tu accepteras de rentrer au gouvernement ! » (*L'Express*, 30 août 2007). En juin 2007, le nouveau président de la République lui propose un poste de secrétaire d'État lors d'un rendez-vous à l'Élysée. Il le refuse, mais demeurera en rapport avec l'Élysée, notamment via Alain Bauer. Il est, par exemple, systématiquement invité à la garden-party de l'Élysée du 14 juillet durant l'ère Sarközy. Il est aussi un proche du couple Darcos.

Après la défaite de Ségolène Royal, il appelle aussitôt à la refondation du Parti socialiste et demande même son changement de dénomination. Il organise à Evry, le 20 juillet 2007, la première réunion très courue des rénovateurs socialistes. Dès le 13 juin 2009, il annonce sa possible candidature pour l'élection présidentielle de 2012 et crée son propre club, À gauche besoin d'optimisme. Certaines de ses positions, plutôt réalistes, notamment en matière de sécurité, sur la responsabilité individuelle et partiellement sur l'immigration (refus d'un supermarché exclusivement halal dans sa commune), sur le départ de l'âge à la retraite, conduisent à le classer à l'« aile droite » du PS. Dans *Pour en finir avec le vieux socialisme… et être enfin de gauche* et bien d'autres textes, il se déclare favorable à des quotas d'immigration, au « déverrouillage » des 35 heures, et approuve l'allongement de la cotisation retraite à 41 ans à condition qu'on organise un départ « à la carte » selon la pénibilité des carrières. En avril 2009, il invite le ministre de l'immigration Eric Besson (ex-socialiste passé au sarközysme) à Evry. En 2010, il se prononce pour l'envoi de renforts français en Afghanistan. Ses sorties sont telles que Martine Aubry lui envoie une lettre ouverte le 13 juillet 2009 : « Si les propos que tu exprimes reflètent profondément ta pensée, alors tu dois en tirer pleinement les conséquences et quitter le Parti socialiste. » Jean-Noël Guérini, Gérard Collomb et Jean-Pierre Mignard (tous francs-maçons) lui apportent alors leur soutien. En réalité, il ne s'agit que de rodomontades, puisqu'à l'Assemblée nationale, il vote systématiquement comme son parti et cosigne même, en février 2010, une proposition de loi constitutionnelle « visant à accorder le droit de vote et d'éligibilité aux élections municipales aux étrangers non ressortissants de l'Union européenne résidant en France ».

Membre des cénacles mondialistes

Au fur et à mesure que son influence prenait de l'épaisseur, Manuel Valls fut coopté au club d'influence Le Siècle en 2001. Même s'il ne s'y rend pas régulièrement (il figure toujours dans l'annuaire), il peut compter sur l'assiduité aux dîners mensuels à l'Automobile Club de France de son ami de trente ans Stéphane Fouks.

Visant toujours plus haut, Manuel Valls a figuré également sur la liste des participants à la réunion annuelle du Bilderberg Group en juin 2008 au *Westfields Marriott Hôtel* de Chantilly en Virginie. Etienne Davignon, président du Bilderberg Group ne tarit pas d'éloge sur Valls : « C'est par exemple le cas de Manuel Valls qui nous a paru intéressant en tant que socialiste français ouvert. On n'est pas là pour faire sa promotion, mais il n'est pas exclu que ça lui soit utile et que ça lui ouvre aussi les yeux sur certains points. Ensuite, certains de nos invités ont un destin, mais ce n'est pas de notre fait. Je crois plus à notre vision. » Une vision explicitée par David Rockefeller, l'un des co-fondateurs du groupe lors d'une des tenues au Sofitel de Rottach-Egern en Allemagne le 5 mars 2005 : « Il aurait été presque impossible pour nous de développer notre plan pour le monde, si nous avions dû nous soumettre aux projecteurs publics pendant toutes ces années. Mais le monde est maintenant plus sophistiqué et mieux préparé pour progresser vers un gouvernement mondial. La souveraineté supranationale d'une élite intellectuelle et des banquiers du monde est sûrement préférable à l'autodétermination nationale ayant eu cours aux siècles passés… ».

BILDERBERG MEETINGS
Chantilly, Virginia, USA
5-8 June 2008
CURRENT LIST OF PARTICIPANTS

INT	Trichet, Jean-Claude	President, European Central Bank
USA	Vakil, Sanam	Assistant Professor of Middle East Studies, The Paul H. Nitze School of Advanced International Studies, Johns Hopkins University
FRA	Valls, Manuel	Member of Parliament
GRC	Varvitsiotis, Thomas	Co-Founder and President, V + O Communication
CHE	Vasella, Daniel L.	Chairman and CEO, Novartis AG
FIN	Väyrynen, Raimo	Director, The Finnish Institute of International Affairs
FRA	Védrine, Hubert	Hubert Védrine Conseil

Initié au Grand Orient de France et membre du Siècle, Manuel Valls a été sélectionné par les élites mondialistes pour rejoindre le groupe de Bilderberg en 2008.

D'ailleurs *Bakchich info* (11 mai 2012) raconte qu'à la réunion de juin 2008 (où s'est rendu Valls) le sujet principalement abordé fut l'éventualité et les conséquences d'une implantation massive de puces électroniques sous la peau de millions de personnes, dans le cadre de la lutte contre le terrorisme, avec comme argumentaire progressiste l'inscription du contenu de la « carte Vitale » pour faciliter le traitement médical d'urgence.

On comprend dès lors le malaise de Manuel Valls face à deux jeunes venus le questionner lors d'une dédicace à la Fnac des Ternes le 5 juillet 2011 (la vidéo est disponible sur internet) : « … J'étais invité, euh, euh, à assister, euh, à deux jours de cette réunion, euh, à Washington ; je ne m'en suis absolument pas caché ; j'ai trouvé que c'était très passionnant d'entendre un certain nombre de grands responsables internationaux parler de l'état du monde. Voilà, je ne suis pas membre ; ni fondateur, euh, mais j'étais invité ; euh, ça peut être intéressant. Il faut rappeler que c'est un rassemblement qui est né, euh, après la guerre, dont la base était très atlantiste hein ; et d'ailleurs elle le reste, c'est dommage ; essentiellement Europe, Amérique du Nord et Turquie. Peu ouverte encore à ce stade sur le reste du monde. Dans un moment de guerre froide, euh, le choc des blocs de l'Est et de l'Ouest, euh, euh, voilà. Vous savez, dans un monde très ouvert, euh, ça existe ; ce qu'il faudrait euh, c'est qu'en revanche euh, euh, les syndicats le font aujourd'hui, au niveau européen comme au niveau mondial. Le Parti socialiste essaie de le faire au niveau du Parti socialiste européen. L'Internationale socialiste, aujourd'hui a du mal à être vraiment utile ? Ce qu'il faudrait c'est que les grandes organisations internationales politiques de gauche, sociales, euh, moi je voyage beaucoup… »

Après avoir soutenu Ségolène Royal au congrès de Reims, il se rapproche de Laurent Fabius, puis de Dominique Strauss-Kahn. À la suite de la mise hors jeu de ce dernier, « Monsieur Moi-même », comme le surnomment ses camarades socialistes, décide finalement, de se positionner pour 2017, en s'impliquant directement dans les primaires socialistes à l'élection présidentielle. Il a d'ailleurs fait pression auprès de Martine Aubry pour leur organisation (*Le Point* du 29 septembre 2011), signe de l'importance que représente pour ce communicant la fenêtre de tir médiatique des primaires socialistes. En froid relatif avec François Hollande depuis le référendum interne au PS sur le traité constitutionnel européen, il a donc, après le crash de Dominique Strauss-Kahn, décidé de se porter candidat aux primaires en juin 2011. Signe de son manque d'implantation mais de son influence au sein des élites du PS, il utilise l'une des possibilités prévues par le règlement, fournissant une liste de 16 maires de plus de 100 000 habitants répartis sur quatre régions. Son équipe de campagne, très largement composée de strauss-kahniens, se compose de Luc Carvounas, premier secrétaire de la fédération du Val-de-Marne, vice-président du conseil général et premier adjoint d'Alfortville (directeur de campagne), Pierre Tambourin, directeur du Génopole d'Evry, Natalia Baleato, directrice de la crèche *Babyloup* de Chanteloup-les-Vignes (coprésidente du comité de soutien). Les porte-parole sont Ali Soumaré, conseiller régional d'Ile-de-France (lié aux États-Unis), Zohra Bitan, ex-secrétaire générale de la Licra en 2001, Thomas Chadoeuf-Hoebeke, maire de Tarare (Rhône). Le conseil politique comprend notamment Michèle Sabban, vice-présidente du conseil régional d'Ile-de-France, Carlos Da Silva, premier secrétaire de la fédération de l'Essonne et Philippe Esnol, maire de Conflans-Sainte-Honorine. Son programme : faire passer le déficit du PIB sous les 3 % dès 2013, la TVA sociale, l'inscription d'une règle d'or dans la constitution, le déverrouillage des 35 heures. Il exposera notamment son programme dans une tribune destinée à rassurer le « peuple de gauche » (*Libération*, 22 août 2011) mais arrivera bon dernier des socialistes avec 5,63 %.

Son score d'octobre 2011 lui vaudra le surnom de « Monsieur 5 % », chez les proches de François Hollande, qui ne tarderont pas à le surnommer « Kommandantur ». Car entre-temps, les deux hommes ont enterré la hache de guerre : bien avant les primaires, dès juin 2011, Valls a assuré Hollande qu'il ne ferait rien pour lui nuire et s'est rallié à lui au soir du premier tour des primaires avec la certitude d'être le « super dircom » du candidat, « comme Robert Gibbs avec Barack Obama » dixit Alain Bauer (*Les Echos* du 26 janvier 2012). Comme avec Jospin et Rocard, Manuel Valls, devenu directeur du pôle communication de François Hollande, se rend rapidement indispensable par son savoir-faire dans ce domaine : « Le Rastignac sait jouer du système de cour. Au mieux avec Valérie Trierweiler, il requiert les avis de la compagne du candidat. En retour, la journaliste loue le "professionnalisme" de son voisin de palier au QG de l'avenue de Ségur (*Le Nouvel Observateur*, 19 avril 2012). »

Jean Glavany a expliqué les ficelles de Manuel Valls à Gilles Verdez et Jacques Hennen : « Manuel a toujours eu ce truc. Il sait se mettre dans une bande et parler plus fort que les autres. Quand il était rocardien, il était plus rocardien que les rocardiens. Il défendait Michel Rocard dans les conseils nationaux du PS avec une force et parfois une violence que d'autres n'utilisaient pas. » Ainsi blinde-t-il l'équipe de campagne de François Hollande avec ses hommes : Christian Gravel, Harold Hauzy, André Loncle, Sébastien Gros, l'agence BDDP, mais aussi l'ex de SOS Racisme et de l'Union des étudiants juifs de France Eric Ghebali. Avec ses hommes, Manuel Valls effacera rapidement le directeur de campagne, Pierre Moscovici, ainsi que Stéphane Le Foll, responsable de l'organisation. Et c'est l'équipe de Valls qui organisera le grand meeting du Bourget, pensé comme un show à l'américaine lors d'une réunion secrète chez Eric Ghebali, qui mobilisera son carnet d'adresses, non sans difficultés. Yannick Noah accepte quand Francis Cabrel, Bernard Lavilliers et Michel Fugain refusent. Le milliardaire de la téléphonie mobile Xavier Niel, contacté par Pierre Bergé, refusera également de s'afficher aux côtés du candidat socialiste. Il n'en demeure pas moins que Manuel Valls aura « monopolisé » François Hollande. Devenu son ombre, il en profitera pour placer ses hommes de main, un « groupe très fermé » avec Christian Gravel et Sébastien Gros dans son propre bureau au QG de campagne de François Hollande. Avec Stéphane Le Foll, Vincent Peillon et Pierre Moscovici, il a pesé pour le choix d'Harlem Désir au poste de premier secrétaire. Valls en profitera pour placer une dizaine de ses affidés au conseil national du Parti socialiste (*Le Nouvel Observateur*, 4 octobre 2012). Élu, François Hollande récompensera son zélé et ambitieux serviteur.

© DR

«La GPA est une évolution incontournable. Et je crois que si elle est maîtrisée, elle est acceptable.»

Présenté comme un socialiste conservateur, Manuel Valls est partisan de la gestation pour autrui et de la théorie du genre : « Il y a un énorme travail à faire à l'école, dès les plus petites classes, sur les religions, le sexe, le racisme... » La phrase ci-dessus est tirée du même entretien au mensuel homosexuel Têtu (mai 2011).

Evry, ou la « petite république vallsienne »

« La gestion de "Manuel" n'est pas seulement désastreuse, elle est aussi clientéliste. »

Capital (novembre 2013).

Pour services rendus, Lionel Jospin lui a donné un sérieux coup de pouce dans la constitution d'un fief électoral en le parachutant à Evry. Gilles Verdez et Jacques Hennen résument à merveille la situation : « Evry, ville hors norme sortie ex nihilo des terres vierges de l'Essonne à la fin des années 60 [...] ville mosaïque où les communautés, nombreuses, se sont progressivement ghettoïsées. [...] Pour les amoureux de cette ville nouvelle, dont Manuel Valls, Evry est tournée vers l'avenir, loin de ces poussiéreuses et endimanchées préfectures de provinces. » Il y a pris la succession de son « frère », le franc-maçon Jacques Guyard. Ce dernier a démissionné le 1er janvier 1999, alors que le juge Jean-Marie d'Huy s'apprête à l'envoyer en correctionnelle après avoir achevé une instruction dans une affaire de financement occulte du Parti socialiste, via l'officine maçonnique Sages, dirigée par le « frère » Michel Reyt.

Manuel Valls lance sa campagne dès le mois de février 2000 en vue des élections de mai 2001. En septembre 2000, ce Parisien de toujours rachète la propre maison de Jacques Guyard dans le, sobrement baptisé, « Evry-village », soit le Evry pré-regroupement familial, Evry « blancos », dirait Valls. Dans son opération de conquête, il sera épaulé par deux jospinistes Xavier Matharan et Francis Chouat. Pour la communication, Stéphane Fouks a dépêché, de chez Euro RSCG, Laurent Habib. Valls bâtit donc une liste « gauche plurielle » avec les Verts, les communistes et le PRG, tout en ne gardant qu'une demi-douzaine d'élus de l'ancienne équipe pour remplacer les autres par des personnalités issues des différentes communautés qui composent la ville, s'attirant ainsi à lui le vote des « quartiers ».

Dans cette campagne à l'américaine, il met son épouse en avant, reprend la « tolérance zéro » de l'ancien maire de New York Rudolph Giuliani, ne se cache pas de draguer le vote communautaire en se rapprochant du recteur de la mosquée d'Evry et influente personnalité locale, Khalil Merroun, né à

38 RENCONTRE

Manuel Valls : « Ce qui m'inquiète, c'est un antisémitisme qui se nourrit du radicalisme qui naît dans nos cités »

À la tête d'une commune très cosmopolite, Manuel Valls essaie de contrôler toutes les communautés en plaçant un représentant de chacune d'entre elles au conseil municipal. Les Français de souche sont chargés de la figuration : « Tu me mets quelques blancs, quelques whites, quelques blancos. »

Ceuta (Espagne) : « On parle espagnol tous les deux […] Nous partageons la même culture » (op. cit). Il n'obtiendra finalement que 44,17 % dans une triangulaire avec Jean de Boishue et l'ancien premier adjoint socialiste – dissident – Pierre-Jean Banuls, avec une abstention à plus de 50 %. Pour avoir le maximum de pouvoir possible, il s'appuie sur deux élus du quartier des Pyramides, Saliou Diallo et Pacôme Yawovi Adjourouvi, qui deviennent des piliers du conseil municipal, une manière de quadriller la ville. En fait Manuel Valls tient les communautés à bout de bras en plaçant un représentant de chacune d'entre elles au conseil municipal, et en s'en servant comme relais quand la situation se dégrade ponctuellement.

Ce remplacement de population au conseil municipal n'empêche pas Manuel Valls d'exalter « cette belle image de la ville d'Evry » lors d'un reportage dans les allées d'une brocante d'Evry, où il n'y avait que boubous et djellabas, avant de murmurer à Christian Gravel : « Tu me mets quelques blancs, quelques whites, quelques blancos » (*Politiquement parlant*, *Direct 8*, 10 juin 2009). Internet aidant, cet extrait, qui en dit long sur le rapport des socialistes avec la sacro-sainte « diversité », perçue cyniquement comme un réservoir électoral inépuisable, fera un véritable buzz. Toujours pour soigner l'« image de la ville d'Evry », alors qu'il s'apprête à visiter Evry avec le ministre de la Ville (mai 2012), les murs du quartier de Bois sauvage seront repeints à toute vitesse et « la veille au soir, raconte une habitante, des équipes étaient encore en train d'effacer les tags » (*Capital*, novembre 2013). Communicant de formation, on ne s'étonnera donc pas que Manuel Valls ait engagé d'importants frais de communication. Ainsi, ce poste de dépense aurait augmenté de 852,6 % entre 2001 et 2003 (le secteur représentait encore 800 000 euros de budget pour l'année 2012) et que le département communication qui n'existait quasiment pas à l'arrivée de Valls occupe aujourd'hui un étage entier d'une aile de la mairie.

D'une manière générale, Evry est une ville que Valls tient sous sa poigne, surtout parce qu'il s'y est constitué une équipe d'obligés qui le suivront dans le giron du gouvernement, parfois au plus près de François Hollande (cf. chapitre suivant). Il peut compter notamment sur Francis Chouat qui a été nommé premier adjoint en 2001. Ce dernier, né en 1948, enseignant de profession, est en réalité un pur apparatchik. Syndicaliste à la FEN et au SNES, il a d'abord milité chez les socialistes (adhésion en 1971) avant de rejoindre le PCF, où il restera une vingtaine d'années, jusqu'à finalement rallier Jospin au PS peu avant la chute du mur de Berlin. De 1999 à 2002, il a conseillé Jean-Paul Huchon pour le développement économique et les relations internationales. C'est donc au conseil régional d'Ile-de-France qu'il a connu Manuel Valls qui était alors en charge des finances. Ce proche de Bertrand Delanoë est secrétaire général adjoint du Parti socialiste en charge de la coordination. Il est donc un des relais de Valls au sein de la direction du PS. Le 3 juin 2012, Chouat sera fait maire lors d'un conseil municipal extraordinaire, Valls gardant ainsi le contrôle sur son fief comme « conseiller municipal délégué ».

Pour son départ, il a d'ailleurs mis les petits plats dans les grands. Une véritable cérémonie à sa gloire a été organisée, en présence de François Lamy, Harlem Désir, Jean-Vincent Placé, Daniel Vaillant ou encore Lionel Jospin, à l'Hôtel de Ville d'Evry. Généreuse, son équipe municipale lui a voté une indemnité représentant 57 % de celle de maire, soit 1 700 euros net. Après cette révélation faite par *Le Canard Enchaîné* en juin 2012, Valls renoncera à ces émoluments.

Depuis la moitié de l'année 2012, l'agglomération d'Evry – centre Essonne, dirigée par Manuel Valls puis par Francis Chouat (depuis juillet 2012), refuse de livrer ses encombrants à l'entreprise attributaire des marchés auprès du syndicat intercommunal Siredom, la société Paprec (cf. *Médiapart*, 27 janvier 2014). Quinze jours après l'arrivée de Valls au ministère de l'Intérieur, Francis Chouat avait téléphoné au président du Siredom et député-maire UMP d'Etampes Franck Marlin pour lui dire qu'il ne comprenait pas que le marché avait été attribué à Paprec, lui signalant, qu'il appelait la place Beauvau, soit une menace à peine masquée. Francis Chouat, pour faire pression s'est donc mis d'accord avec les présidents d'autres agglomérations du département pour refuser de livrer les déchets : Olivier Leonhardt (PS), qui dirige l'agglomération du Val d'Orge, et Gabriel Amard (PG), qui dirige l'agglomération des Lacs de l'Essonne (au total une vingtaine de communes et 300 000 habitants). Et c'est ainsi que l'usine de traitement Semardel (qui avait perdu l'appel d'offres) reçoit donc, en dehors de tout marché, les encombrants. Il faut dire que Chouat préside alors l'usine de cette société d'économie mixte (où son fils a par ailleurs été embauché). Alors que cette situation dure depuis un an, Franck Marlin écrit le 26 juillet 2013 à Francis Chouat pour l'avertir de « sérieux risques juridiques ». Le dossier est alors communiqué à la Chambre régionale des comptes et au préfet. Le 28 novembre 2013 Francis Chouat démissionnera enfin de la Semardel, admettant, 18 mois après le début de l'affaire, un motif d'ordre déontologique. On notera qu'un mois jour pour jour avant la démission de Chouat, le président de la Semardel avait reçu le Trophée des entreprises locales des mains de la ministre de la fonction publique Marylise Lebranchu, avec l'appui de Jean-Vincent Placé.

En attendant, Valls a été réélu en 2008, dans cette ville qui compte 45 % de logement sociaux, avec un score de dictateur africain (70,28 %, pour une abstention de 63 %). Il augmentera les impôts locaux de 14 % dans la foulée. Dans une politique de lutte contre l'insécurité, il blinde le centre commercial géant Evry 2 de caméras, faisant de la vidéosurveillance chère à Alain Bauer, le principal moyen de lutte contre la délinquance. Vidéosurveillance qui sera généralisée partout dans la ville, avec l'inauguration, en février 2011, d'un centre de supervision urbaine. Ce dispositif aurait coûté officiellement 3,6 millions d'euros (dont 2 millions d'euros subventionnés par l'État). Malgré cet effort affiché, les étudiants de l'université d'Evry, ont demandé à ne plus avoir cours après 18 heures car en soirée le RER leur fait trop peur (*L'Express*, 27 juin 2012).

Dès 2006, les juges de la Chambre régionale des comptes dénonçaient une « gestion dangereuse » et un « recours excessif à l'emprunt » pour une « faible capacité d'autofinancement ». Il faut dire qu'entre 2001 et 2013, la dette de la commune a augmenté de 276 %. La Chambre régionale des comptes, dans un autre rapport sur la santé financière de la ville, étudié le 21 novembre 2013 en conseil municipal, évoque une « situation préoccupante ». La stratégie du recours à l'emprunt comme moyen de financement s'est en effet accélérée après 2008, lors du second mandat de Manuel Valls. Sur la période qui couvre 2008-2014 les investissements prévus sur la commune s'élèvent à 91 millions d'euros, financés à 60 % par l'emprunt. Sur cette somme 76,6 millions ont déjà été dépensés dans la rénovation du quartier des pyramides (une « zone urbaine sensible ») et du Bois sauvage.

Quand Manuel Valls quitte la mairie, les caisses sont vides. Sa capacité d'autofinancement nette de remboursement a toujours été négative depuis 2001 et entre 2007 et 2012 l'endettement de la ville a progressé de 70 %. Entre 2001 et 2012, la pression fiscale sur les ménages de la commune a explosé de 45,7 % et le montant moyen de l'impôt pris sur les foyers imposables frôle aujourd'hui les 2 100 euros annuels (ce qui fait partie des impôts les plus élevés de France pour des villes de taille comparable). Depuis 2007, l'ardoise de la dette de la mairie a pris 40 %. Alors que dans une ville de 50 000 habitants, seul le directeur général des services est censé disposer d'une voiture de fonction, la commune a mis 26 véhicules à disposition de ses agents et 45 véhicules de service. C'est en tout cas ce que notait la Cour des comptes en 2006. En faisant passer les chargés de missions pour des standardistes, la mairie a recruté énormément de chargés de mission (jusqu'à 50). Les dépenses en personnel ont représenté 791 euros par habitant (soit 50 euros de plus que dans ce type de ville), le recours à des prestataires extérieurs (416 euros par habitants, soit 55 % de plus que la moyenne).

Manuel Valls a toujours voulu attirer les sièges sociaux d'entreprises. Ainsi, fin 2011, l'arrivée du siège social à Evry du promoteur immobilier proche de Serge Dassaut, Promo Gerim, avait-elle été présentée à la presse municipale comme une victoire de Valls. Quelques mois plus tard (juin 2012), ce promoteur obtiendra, sans appel d'offres, un important marché de construction de bâtiments à Evry-village (*Mediapart,* 3 mars 2013). On notera que d'une manière générale cette politique fut un échec puisque le Centre national d'études spatiales a quitté la ville en 2012, ainsi que le siège de Carrefour, qui représentait 2 300 emplois.

À la décharge de Manuel Valls, son passage à la mairie d'Evry fut aussi sentimentalement très mouvementé. C'est à cette période qu'il s'est séparé de Nathalie Soulié avant d'épouser Anne Gravoin, mariage organisé à la mairie d'Evry dans un joyeux mélange d'« hommes qui portaient la kippa, venus de Manhattan ou de Londres, et d'imams de l'Essonne » comme le raconte Marek Halter, présent à la noce (*Elle*, 26 septembre 2013). Mais Manuel Valls omet habituellement de raconter sa longue liaison avec celle qui était à l'époque directrice générale de l'urbanisme de la ville d'Evry (2004-2008), Sybil Cosnard, avec laquelle il acheta même un appartement à Evry (2005-2006). Bien que ne vivant plus avec Manuel Valls, il semble qu'elle soit restée bien en cour à la mairie d'Evry. En effet, le 6 septembre 2010, un marché « d'élaboration du projet de territoire » était présenté aux maires de l'agglomération. L'offre sera rendue publique le 29 novembre 2010 et le marché finalement attribué en avril 2011. Or, c'est une société dont les statuts ont été déposés par Sybil Cosnard, le 28 septembre 2010, City Linked (en association avec Roland Castro), qui a remporté l'appel d'offres. La concordance chronologique et le résultat de l'appel d'offres feront dire aux mauvaises langues que l'entreprise a été créée *ad hoc* par l'ex-maîtresse. Le projet sera finalement interrompu mais un second marché sera encore attribué le 18 mai 2012 à Sybil Cosnard (cette fois avec Daniel Vaniche, qui a d'ailleurs reçu les insignes de chevalier de l'ordre national du mérite sur le contingent de Manuel Valls en novembre 2012) avant que Manuel Valls ne quitte la présidence de la communauté d'agglomération d'Evry – centre Essonne (CAECE) en juillet 2012. Un marché pour réaliser le dossier de candidature de l'agglomération d'Evry pour le projet de grand stade de rugby (projet évalué à 400 millions d'euros et qui tient à cœur à Manuel Valls depuis la place Beauvau) avait été également attribué en septembre 2011 à Sybil Cosnard. Des marchés qui se chiffrent en centaines de milliers d'euros (*Mediapart* des 11, 19 et 20 janvier 2014).

QUAND MANUEL VALLS ÉTAIT PRO-PALESTINIEN...

« Nous avons été nombreux à connaître Manuel Valls, maire d'Évry, honorant de sa présence les *Six heures pour la Palestine* qui se tiennent chaque année dans sa ville. Nous l'avons vu, en 2002, accueillir chaleureusement Leïla Shadid, alors déléguée de la Palestine en France, à l'occasion du jumelage d'Évry-Ville nouvelle avec le camp de Khan Younis. Nous pouvons encore relire ses mots prononcés à la tribune de la Mutualité, un certain 20 novembre 2002, quand il jugeait la situation "*révoltante*" et dénonçait "*la colonisation qui viole le droit international*" ».

Politis, n° 1228

C'est une longue histoire totalement méconnue que nous retraçons ici, même si des pièces manquent encore. Celle de l'engagement pro-palestinien de Manuel Valls pendant au moins 25 ans. À comparer avec ses 5 années de sionisme militant.

Dans sa biographie autorisée, *Manuel Valls, Les Secrets d'un destin* (Éditions du Moment, 2013), aussi bien les auteurs que le ministre de l'Intérieur se gardent bien d'évoquer le passé pro-palestinien de l'intéressé. Au contraire, dans une tentative assez réussie de réécriture de l'histoire, tout est fait pour faire croire que l'engagement communautaire de Manuel Valls est très ancien. C'est ainsi que ce sentiment remonterait à sa petite enfance : « Une petite école qui a été menacée de fermeture et qui est juste à côté du magasin Izraël. C'était bien la seule boutique bobo que fréquentait mon père, d'ailleurs [...] Nous sommes passés de l'autre côté, rue du Grenier-sur-l'Eau. Il s'agissait d'une école primaire, en face du monument du Martyr juif. Cela a beaucoup compté pour moi. » Ce type d'exemple est récurrent dans sa biographie.

En réalité, cet engagement est très récent et concomitant au remariage de Manuel Valls avec Anne Gravoin en juillet 2010 comme nous allons le démontrer. Il prouve que les journalistes ont (volontairement) la mémoire plus que courte et que les associations communautaires peuvent taire des faits plus que gênants à partir du moment où on leur fait allégeance. Ou encore comment en cinq ans un homme peut faire table rase de son passé.

© DR

EVRY PALESTINE

فلسطين

N° 30 - Mars 2004 **2 €**

Photo : Réfugiés dans le camp de la paix - Février 2004
Musique, danse, théâtre, sport, cirque, multiples animations à Khan Younis

Il faut stopper la politique d'A. Sharon

Comment accepter aujourd'hui que le gouvernement Sharon en toute impunité poursuive ses attentats ciblés, détruise des écoles, des maisons, massacre des civils, des enfants, humilie et affame tout un peuple, tout en continuant sa politique colonialiste d'apartheid et de confiscation de terres pour aboutir à l'expulsion de milliers de Palestiniens au nom de la sécurité ? La matérialisation de la séparation voulue par Israël entre les deux peuples est un MUR de béton et de barbelés de 8 mètres de haut qui instrumentalise cette politique.

Comment accepter le silence des médias devant l'escalade des massacres, de la provocation et de la banalisation de la répression israélienne, face aux actes de résistance du peuple palestinien :

- entrée de l'armée israélienne hier à Abassan (petit village près de Khan Younis)
- pillage au début du mois des banques palestiniennes de Ramallah
- destruction de toutes les infrastructures palestiniennes (pour celles qui tiennent encore, après deux ans et demi d'acharnement israélien !)

Les Palestiniens ont beau mourir trois fois plus que les Israéliens, cet élément ne compte pas !

Comment comprendre la non condamnation de ces actes, de la part de notre gouvernement, de l'Europe, et de la communauté internationale, lorsqu'on sait que tout cela permet au gouvernement Sharon de gagner du temps en faisant semblant de proposer des solutions unilatérales comme son «désengagement» de la Bande de Gaza, pour mieux coloniser la Cisjordanie, avec l'appui américain : son ultime objectif étant la destruction stratégique de toute possibilité d'un Etat palestinien.

La profonde inégalité dans le rapport de forces entre Palestiniens et Israéliens se concrétise aussi par les nombreuses adhésions, parfois douteuses, aux accords de Genève.

Aujourd'hui, nous apprenons l'assassinat délibéré de Ahmed Yassine, nouvelle provocation du gouvernement israélien qui cherche ainsi à ouvrir un nouveau cycle de violence. Nous prenons acte de la condamnation du gouvernement français cette fois-ci.

Mais qu'en est-il donc, de la mise en oeuvre de la Feuille de route qui devait permettre un règlement juste du conflit ? Les Etats-Unis aujourd'hui, ont abandonné toute pression sur Israël, trop occupés par les élections présidentielles de l'automne et leurs difficultés en Irak.

Et malgré tout cela, la venue de Sharon est annoncée en France pour le mois d'avril.

Comment le gouvernement français peut-il envisager de recevoir le dirigeant d'un état criminel qui met en oeuvre le nettoyage ethnique de tout un peuple et qui entraîne son propre peuple vers une impasse ?

«Ni les Israéliens, ni les Palestiniens ne connaîtront la paix à laquelle ils aspirent tant que Sharon restera au pouvoir, et il ne peut exister de tâche plus importante pour le monde, pour les mois à venir, que de faire obstacle à cet homme» disait Mustapha Barghouti, secrétaire général de l'Initiative Nationale Palestinienne fin décembre 2003.

Ne cédons pas aux campagnes de chantage à l'antisémitisme, qui servent à cautionner les crimes commis contre les droits de l'Homme.

Il n'y a rien d'antisémite à défendre les droits du peuple palestinien, colonisé par Israël.

Réaffirmons, comme nous l'avons fait en février 2004 en envoyant une délégation d'artistes, de scientifiques et de sportifs à Khan Younis, notre solidarité avec le peuple palestinien.

Demandons à nos élus, à notre gouvernement, à l'Europe et au Conseil de sécurité de l'ONU des sanctions contre l'Etat d'Israël, ainsi que la mise en place d'une force de protection internationale.

Il faut stopper la politique de Sharon.

Il faut des sanctions contre l'Etat d'Israël.

Continuons et intensifions le boycott des produits israéliens.

Soutenons la résistance palestinienne que Sharon tente de briser.

Sharon, persona non grata en France.

Martine Buffard, Dominique Pallarès
22 mars 2004

Revue de l'Association
C/O Maison du Monde
509 patio des terrasses
91034 EVRY-CEDEX
Fax : 01 60 78 55 33

Subventionnée et soutenue par la mairie d'Evry, Evry Palestine était l'une des plus puissantes associations pro-palestiniennes de France. Elle organisait chaque année les Six heures pour la Palestine dans les salons de la mairie. Manuel Valls y prenait la parole.

Créée en décembre 1988, l'association Evry Palestine sensibilise les habitants de la commune sur la réalité de ce que subissent les Palestiniens, à travers débats, expositions, manifestations diverses, participe à des campagnes de pétitions, en intervenant inlassablement auprès des gouvernants et députés, pour exiger que la France prenne ses responsabilités pour contribuer à l'établissement d'une paix réelle, juste et durable au Proche-Orient, met en œuvre des projets de solidarité concrète, en particulier à travers un jumelage avec un camp de réfugiés Palestiniens. Evry Palestine est partie prenante des grandes campagnes animées par le Collectif national et par la plateforme des ONG pour la Palestine : campagne BDS (Boycott, Désinvestissement, Sanctions), campagne *Un Bateau français pour Gaza*. En 2004, la liste européenne EuroPalestine totalisera à Evry 4,4 %, l'un de ses meilleurs scores.

En septembre 1999, l'association Evry Palestine, dès lors subventionnée par la mairie, obtient que la ville nouvelle d'Evry signe un jumelage avec le camp de réfugiés palestiniens de Khan Younès, situé dans la bande Gaza. De multiples opérations communes seront menées comme en témoigne le site internet d'Evry Palestine. Manuel Valls arrive en 2000, se fait élire maire en 2001 et conserve les accords de coopération avec le camp palestinien. Pendant vingt ans, la mairie va accueillir chaque année la plus importante manifestation pro-palestinienne de France, *Six heures pour la Palestine*. En 2002, Manuel Valls en personne accueille, à Evry, Leila Shahid, déléguée générale de la Palestine, l'arrière-petite-nièce de Hadj Amin al-Husseini, grand mufti de Jérusalem et allié du Grand Reich durant la Seconde Guerre mondiale, et, par conséquent, la cousine de Yasser Arafat.

À la Mutualité, le 20 novembre 2002, Manuel Valls participe, comme orateur, à un grand meeting organisé par Europalestine, l'Association France Palestine Solidarité et la Coordination des comités Palestine d'Ile-de-France. Il est le seul orateur socialiste. Le tract unitaire *Suspension de l'accord d'association Euro-israélien* distribué à cette occasion, comporte le nom de Manuel Valls parmi les signataires. Son contenu donne une idée de l'orientation très antisioniste de la réunion : « La guerre coloniale israélienne connaît de nouvelles escalades. Se moquant ouvertement des droits de l'Homme et de toutes les résolutions de l'ONU, inconditionnellement soutenus par les États-Unis, Ariel Sharon et son gouvernement tentent d'achever la destruction de la représentation nationale palestinienne par l'encerclement, l'arrestation ou l'assassinat de ses dirigeants. Tout un peuple sous occupation militaire, privé d'études, de travail, soumis au couvre-feu, est réduit au désespoir. » À la tribune, Manuel Valls dénonce « la colonisation (NDA: juive) qui viole le droit international » de façon « révoltante » (voir en encadré, l'intégralité de son discours).

Le 2 février 2003, Manuel Valls participe à l'émission *Rispostes* avec Tariq Ramadan et Malek Boutih consacrée à *Vers un islam de France*. Manuel Valls se prononce en faveur du financement public des mosquées (alors qu'à *Radio Judaïca Strasbourg*, le 17 juin 2011, il tacle Sarközy exactement sur ce point). Il explique comment a été financée la Grande mosquée d'Evry (avant qu'il ne soit maire): « On a pris un terrain à Courcouronnes et on est allé chercher de l'argent en Arabie Saoudite. »

Le 5 février 2003, Manuel Valls fait adopter une résolution qui demande à la France d'utiliser si nécessaire son veto, et s'inquiète de la situation humanitaire du peuple irakien frappé par l'embargo, notamment les femmes et les enfants.

Le 22 novembre 2004, Evry Palestine, financée par la mairie d'Evry, participe à la manifestation *Non au bal des assassins* devant le théâtre du Gymnase qui accueillait une soirée de soutien et de collecte de fonds au profit de l'armée israélienne.

Le 16 juin 2005, Evry Palestine participe au lancement de la campagne *Non à la venue du criminel Sharon en France*: « L'invitation de Sharon en France par Chirac vient d'être rendue officielle. Elle a été acceptée et la date qui semble se préciser serait courant juillet (plutôt après le 14 juillet, mais sans certitudes). Elle est scandaleuse et il n'est pas question que cela passe comme une lettre à la poste. Nous vous demandons de saisir tous vos élus, toutes les associations que vous connaissez pour leur demander de se joindre à notre protestation auprès de Jacques Chirac, de diffuser le plus largement possible la lettre ci-jointe (et si nécessaire la biographie de Sharon, en annexe de la lettre). En attendant la mise en place d'actions communes de protestation, nous vous remercions d'envoyer très vite un courrier au Président de la République pour dire NON à l'invitation de Sharon en France. Sous couvert d'un retrait de la Bande de Gaza qu'Ariel Sharon fait miroiter depuis près deux ans, alors qu'il ne représenterait qu'un déplacement de quelques dizaines de kilomètres de 8000 colons sur 450000 installés au sein des Territoires palestiniens occupés, le Premier ministre israélien annexe tous les jours de nouvelles terres palestiniennes, augmente le nombre de colons en Cisjordanie, à Jérusalem Est, et même à Gaza où sont venues s'installer de nouvelles familles israéliennes la semaine dernière. Quoique n'ayant plus le prétexte d'actions armées palestiniennes depuis des

Discours de soutien à la Palestine de Manuel Valls

20 novembre 2002
Meeting du 20 novembre 2002 organisé par l'Association France Palestine Solidarité, la Campagne civile pour la protection internationale du peuple palestinien, la Coordination des comités Palestine d'Ile-de-France et la Ligue des droits de l'Homme. Le discours intégral de Manuel Valls figure dans une brochure rarissime qui ne figure dans aucune bibliothèque française, y compris à la Bibliothèque nationale de France, *Meeting de la mutualité 20 novembre 2002 : Suspension de l'accord d'association entre l'union européenne et Israël* cosigné également par Madeleine Reberioux, Michel Tubiana, Alima Boumediene, etc. (édité par Expressions II en 2003).
(Nous avons indiqué les passages les plus marquants en gras)

Démontrer notre volonté

Chers Amis,

je suis heureux d'être parmi vous, très fier de me retrouver ce soir parmi vous et avec Leïla Shahid : comme député socialiste, élu en juin, et donc d'**une formation trop souvent absente d'un combat qui est le nôtre ; comme maire d'Evry ensuite qui est engagé pleinement, notamment grâce à l'action des citoyens de l'association Evry Palestine, dans un jumelage**, dans une démarche difficile à mener mais oh combien précieuse de coopération, de solidarité avec **le camp martyrisé de Khan Younès à Gaza**.

Il y a quelques semaines, avec une délégation de la ville et de l'association, nous nous sommes rendus en Israël et en Palestine, terre effectivement à laquelle tout nous lie, au-delà des contacts, des discussions politiques avec les responsables politiques israéliens et palestiniens, avec les diplomates français et européens qui jouent un rôle important pour relancer le processus de paix. J'ai constaté une nouvelle

suite p.51 >

mois, l'armée israélienne tue et blesse quotidiennement des Palestiniens, continue à rafler des enfants et des adultes par centaines pour les emprisonner, continue à torturer, comme l'indique le récent rapport d'Amnesty International, à démolir des maisons palestiniennes, parce que Sharon n'a jamais respecté un cessez-le-feu mais bien au contraire en profite pour imposer davantage sa politique de fait accompli. Accueillir ce tortionnaire à bras ouverts serait un grave défi à notre dignité, à notre devoir de solidarité envers les Palestiniens et aussi envers les Israéliens qui dénoncent actuellement la politique criminelle de leur gouvernement. » La biographie qui est jointe à la pétition s'intitule *Sharon le boucher, Sharon le terroriste*. La même association subventionnée par Manuel Valls appelle à manifester le 9 juillet contre « le boucher de Sabra et Chatila » : « Sharon est le même criminel de guerre qui ne respecte même pas un cessez-le-feu, qui terrorise quotidiennement la population palestinienne, bouclée dans ce qui ressemble de plus en plus à des réserves d'Indiens ou à des bantoustans, qui fait semblant de libérer des prisonniers palestiniens et qui en rafle autant au même moment, femmes et enfants compris [...] Sharon est celui qui vole tous les jours davantage de terres, qui a répété dernièrement qu'il ne reviendrait pas sur l'annexion de tout Jérusalem, celui qui bafoue les résolutions de l'ONU, les Conventions de Genève et le jugement de la Cour Internationale de La Haye déclarant le Mur illégal. Sharon est un hors-la-loi qui se moque bien des beaux discours de nos dirigeants, surtout quand ces derniers continuent à collaborer avec lui, y compris sur le plan militaire. Sharon est celui qui insulte tous les Français en les traitant d'antisémites, celui qui aiguise la haine entre les communautés, en appelant les Juifs de France à fuir leur pays en raison du "danger" que constitueraient pour eux "les musulmans de France". »

Le 12 novembre 2005, exposition de photographies, *Gaza, la vie en cage*, à la mairie d'Evry (salle des Mariages), située place des droits de l'Homme (c'est dans cette même mairie que Valls se remariera civilement avec Anne Gravoin), dans le cadre de la Semaine de la Solidarité Internationale soutenue par le conseil général de l'Essonne. Ce reportage réalisé en 2004 sur la tragédie de la Bande de Gaza « répond à une question simple et toujours oubliée : comment peut-on vivre au quotidien dans un territoire minuscule, surpeuplé et emprisonné ».

À l'initiative d'Evry Palestine, un nouvel accord de coopération est signé avec la Ville d'Evry (qui succède à la ville nouvelle d'Evry) le 24 mai 2006 par Manuel Valls, en présence de Mme Hind Khoury, déléguée générale de

> *suite de la p.49*

fois **la dégradation de la situation** – cela a déjà été dit – en Israël d'abord, avec la crise économique et sociale due en grande partie à l'état de guerre, avec la crise morale due à **une oppression terrible sur un autre peuple**, à la peur des attentats évidemment inacceptables et que l'on ne peut justifier, mais aussi à la peur de l'avenir. Tout ceci ravage une société et lui fait perdre ses repères. Nous devons donc encourager toutes les initiatives qui favorisent le camp de la paix. C'est difficile. **Le parti travailliste a fait une erreur terrible qui lui a fait perdre son âme en participant à la coalition présidée par Sharon.** Une véritable alternative à Sharon, qui relance le dialogue pour la paix, pour une paix juste, une telle construction, ne nous faisons pas d'illusion, risque d'être longue mais en même temps nous devons la soutenir car si le camp de la paix ne l'emporte pas en Israël rien ne sera possible. Nous devons être aux côtés de ceux qui, en Israël, luttent pour la paix et le dialogue avec les Palestiniens.

Cette action est donc difficile et quand on va en Palestine, et c'est mon cas depuis de nombreuses années, vous le savez, on passe d'abord et toujours par Israël et nous dialoguons avec les Israéliens et ce dialogue est indispensable. J'ai rencontré de nombreux Israéliens qui continuent à dialoguer avec des élus et avec les maires palestiniens et ce dialogue est indispensable. Nous devons le soutenir ici mais nous devons d'abord le soutenir là-bas. Alors si les Palestiniens vivent **cette situation qui est révoltante par, notamment, la destruction volontaire de l'Autorité Palestinienne, la répression terrible et son cortège de morts, l'occupation et la destruction des villes, des villages, des maisons, la poursuite de la colonisation qui viole le droit international et qui effectivement ne s'est jamais arrêtée, le chômage, la misère sociale et sanitaire que vivent les Palestiniens. On veut détruire les infrastructures, la mémoire, le futur de ce peuple. Cela est inacceptable et nécessite la mobilisation de toute la communauté internationale.**

Et pourtant quelle farouche volonté de s'en sortir, de donner une formation aux enfants, aux jeunes, et c'est la raison pour laquelle la ville d'Evry est engagée dans ce jumelage parce qu'on nous demande aussi de l'aide pour que les femmes et les hommes de ce peuple s'en sortent et puissent avoir un avenir. Et cette action de solidarité, au-delà des meetings, au-delà de l'action politique, elle est également indispensable.

suite p.53 >

la Palestine en France. À cette occasion, le maire déclare : « La signature par la Ville d'Evry d'un accord de coopération avec le camp de réfugiés de Khan Younès incarne la volonté de marquer, fortement et symboliquement, son engagement solidaire avec ce peuple de Palestine, riche de ses traditions et de sa culture. Alors que la tragédie ne fait que s'amplifier, notre mobilisation aux côtés de l'association Evry Palestine est fondamentale. Elle marque notre souhait d'aider nos amis palestiniens par des actions, certes modestes, mais concrètes. Elle permet d'informer nos concitoyens sur la réalité de la situation à Gaza. » Le Comité populaire des réfugiés du camp de Khan Younès le remerciera chaudement : « Evry est pour nous la porte principale qui ouvre sur le renforcement des liens d'amitiés entre nos deux peuples. »

Le 25 novembre 2006, Manuel Valls participe aux *Six heures pour la Palestine*, animant un débat aux côtés de Denis Sieffert de *Politis*, Richard Wagman, président de l'Union juive française pour la paix (UJFP), et Mohamed Kacimi, écrivain, et un représentant du camp de Khan Younès.

Le 16 juin 2007, Manuel Valls signe un communiqué de presse de soutien au peuple palestinien, titré *Manuel Valls soutient le peuple palestinien*. « Avec la prise de contrôle de la totalité de la bande de Gaza par les forces du Hamas et la mort du gouvernement d'union nationale, force est de constater que les malheurs qui s'abattent sur le peuple palestinien ne sont pas prêts de s'arrêter. Le nombre des morts est en constante augmentation et s'élève à 113 selon le dernier bilan provisoire. Les nouvelles qui remontent du camp de réfugiés de Khan Younès – avec lequel Evry a renouvelé son accord de coopération en mai 2006 – sont très alarmantes et font état d'une vingtaine de morts et de 130 blessés. Face à ce qu'il convient de qualifier de véritable "guerre civile", Manuel Valls souhaite adresser un message de soutien et de solidarité à l'ensemble des habitants de la bande de Gaza. Il condamne l'immobilité et l'attentisme lâche d'une Communauté internationale qui – au-delà des seules déclarations d'intention – n'a jamais soutenu le fragile gouvernement d'union nationale. Il dénonce les conditions dramatiques dans lesquelles vivent les habitants plongés dans la violence des affrontements, le manque d'eau et de nourriture, totalement démunis et condamnés à vivre terrés dans la peur. Face à cette situation dramatique, Manuel Valls demande au Président de la République et à son ministre des Affaires étrangères de préciser les actions d'urgence qu'ils comptent mettre en œuvre pour leur venir en aide. Il leur demande, notamment, d'indiquer les moyens diplomatiques

> *suite de la p.51*

Quelle farouche volonté, quel symbole de s'en sortir pacifiquement pour le peuple palestinien dans sa grande majorité à l'image de Leïla Shahid qui veut d'abord une solution pacifique pour reconstruire ce **que les Israéliens détruisent physiquement et moralement. Alors oui la cause de la Palestine est la cause du Droit, de la Justice, du droit des Palestiniens** à disposer d'un État et à vivre en paix. La France, l'Europe, doivent pleinement prendre leurs responsabilités pour évidemment empêcher la guerre contre l'Irak, et je ne voterai jamais – et je m'engage clairement et solennellement – l'engagement de la France dans une guerre contre l'Irak.

Il faut qu'Israël respecte les résolutions de l'ONU. Pour cela le rapport des forces est indispensable et donc oui il faut amener les parlements et les gouvernements à suspendre l'accord d'association Union européenne-Israël, ce qui aurait effectivement un écho énorme en Israël et en Palestine. **Oui, chers amis, oui Leïla, nous devons faire la démonstration de notre volonté inébranlable pour que le peuple palestinien, à travers notre mobilisation, retrouve le chemin de l'histoire.** Merci

qu'ils comptent utiliser pour revenir sur le blocus imposé à la Bande de Gaza et qui condamne près de 1,4 million de personnes à vivre dans un ghetto. »

Le 7 décembre 2007, nouvelle participation et intervention de Manuel Valls aux *Six heures pour la Palestine.*

Le 12 avril 2008, il plante un olivier pour la paix à Evry à l'initiative de *Paix comme Palestine, 60 ans après, la paix par le droit*, une campagne lancée par la Plate-forme des ONG pour la Palestine (voir photos p. 94). À cette occasion, une vidéo est prise. Elle est disponible sur internet (http://www.dailymotion.com/video/x51tn0_un-olivier-pour-la-paix_news). On y voit Manuel Valls, au côté d'une dizaine d'élus municipaux, planter un olivier et prononcer, au milieu d'affiches à la gloire de la Palestine et de drapeaux palestiniens, un vibrant plaidoyer pour la cause palestinienne: « Je pense évidemment peut-être d'abord aux habitants de la bande de Gaza enfermés qui vivent une situation infernale dans tous les sens du terme. Et bien sûr à tous nos amis du camp de Khan Younès avec lequel notre commune a signé un accord de coopération décentralisé. Je pense évidemment au Liban, à l'Irak, à une politique américaine qui caricature évidemment les conflits au nom de la confrontation entre civilisation […] Tout cela interpelle […] Je voudrai ville d'evry

EVRY PALESTINE فلسطين

Evry - Khan Younis

24 MAI 2006

SIGNATURE DE L'ACCORD DE COOPERATION ENTRE LA VILLE D'EVRY ET LE CAMP DE REFUGIES DE KHAN YOUNIS (PALESTINE, BANDE DE GAZA)

Signature de l'accord de coopération à l'Hôtel de Ville d'Evry en présence de Mme Hind Khoury, Déléguée Générale de la Palestine en France

La signature par la ville d'Evry d'un accord de coopération avec le camp de réfugiés de Khan-Younis incarne la volonté de marquer, fortement et symboliquement, son engagement solidaire avec ce peuple de Palestine, riche de ses traditions et de sa culture.

Alors que la tragédie ne fait que s'amplifier, notre mobilisation aux côtés de l'association Evry-Palestine est fondamentale.

Elle marque notre souhait d'aider nos amis palestiniens par des actions, certes modestes, mais concrètes.

Elle permet d'informer nos concitoyens sur la réalité de la situation à Gaza.

Elle repose, enfin, sur le vœu d'une paix durable entre deux Etats, dans la sécurité et la liberté pour chacun des deux peuples.

Manuel VALLS, Député-Maire d'Evry

Le jumelage avec le camp de réfugiés de Khan Younis nous fait toucher quotidiennement la réalité de la situation que subit le peuple palestinien, et aussi la richesse de sa culture et la force de sa résistance. Ce sont nos amis, les enfants que nous avons accueillis, qui souffrent aujourd'hui.

La Palestine subit plus que jamais le déni de ses droits, le blocus, l'asphyxie, les destructions, l'annexion de ses terres.

Nos gouvernements, nos élus, doivent agir fermement, avec les autres gouvernements européens, contre l'occupation et pour un règlement rapide du conflit.

La mobilisation de chacun d'entre nous est plus que jamais indispensable.

Evry Palestine

Evry est pour nous la porte principale qui ouvre sur le renforcement des liens d'amitié entre nos deux peuples. Cette coopération nous permet de prendre chacun conscience de l'éducation et de la culture de l'autre. Elle nous permet aussi de mener dans la durée des projets au service de la population.

Le Comité Populaire des Réfugiés du Camp de Khan Younis

Accord de coopération entre la mairie d'Evry et le camp palestinien de Khan Younès. Manuel Valls figure au centre de la photo à côté de Mme Hind Khoury, déléguée générale de la Palestine en France. Sur ce document, à gauche, discours de Manuel Valls.

adresser un message fort en faveur de la paix puisque c'est le symbole de l'olivier [...] L'édification d'un mur honteux, la poursuite des colonisations, le sort des prisonniers, l'absence de dialogue, l'humiliation. Bref des événements qui ne vont pas dans le sens de la paix, l'accumulation insupportable il y a encore quelques heures de victimes, ce sont là les raisons d'une fracture qui ne guérit pas [...] Il est plus que jamais nécessaire de souligner l'urgence de la création d'un État, d'une patrie viable, réelle, concrète pour les Palestiniens [...] Paix comme Palestine. »

Après un premier échec en 2004, Anne Gravoin renoue avec Manuel Valls vers 2007, leur couple de jeunesse se reformant dans les années suivantes et aboutissant à leur mariage en 2010, comme l'indique *Politis* (n° 1228) : « La conversion s'est-elle opérée sous l'influence de nouveaux liens tissés dans sa vie privée ? Mais d'autres, qui ont un conjoint juif ou même franco-israélien, ne se sentent pas tenus pour autant de condamner la demande de reconnaissance de la Palestine à l'ONU... »

Lors de ses vœux, en janvier 2009, au plus fort de l'offensive militaire contre la Bande de Gaza, Manuel Valls annonce, à la surprise générale, un prochain jumelage avec une commune israélienne non nommée. Finalement l'opération ne se fera jamais. Dans les mois qui suivent, le député-maire d'Evry, sans jamais donner aucune explication (voir le site internet d'Evry-Palestine), refuse pour la première fois que les *Six heures pour la Palestine* se déroulent à la mairie le 28 novembre 2009. Dès ce moment, il décide de supprimer (confirmé au conseil municipal du 19 février 2010) toutes les subventions jusqu'alors accordées à l'association Evry Palestine. Les *Six heures pour la Palestine* ne se dérouleront plus dès lors à la mairie mais seulement dans des locaux syndicaux.

Le 24 septembre 2012, sur *i-télé*, Manuel Valls, reniant tous ses engagements des années 80, 90 et 2000, se prononce contre la reconnaissance de la Palestine à l'ONU, reprenant l'argumentaire de Benyamin Netanyahou comme le lui fera remarquer Jean-Pierre Elkabbach.

“Nous, militants de la cause palestinienne.” Manuel Valls

Evry Palestine

Accueil d’une délégation de jeunes de Khan Younis du 18 au 31 août

16 jeunes (11 garçons et 5 filles de 11 à 14 ans) et 6 accompagnateurs (3 hommes et 3 femmes) ont séjourné sur la ville d’Evry du 18 au 31 août 2003 invités par la municipalité en partenariat avec l’association Evry-Palestine.

Belle occasion pour les jeunes évryens et les habitants de la ville de rencontrer des jeunes palestiniens et d’échanger avec eux.

Le séjour s’est déroulé dans une atmosphère de joie pour ces jeunes palestiniens, heureux de ne pas sentir les exactions, les incursions de l’armée israélienne et des colons pendant cette période : de vraies vacances, en quelque sorte.

Ils ont pu participer à des activités sportives et théâtrales, visiter Paris et ses environs, assister aux championnats du monde d’athlétisme au stade de France et témoigner de leur vécu lors de la soirée d’adieu à la salle des Aunettes le samedi soir 30 août au cours d’un spectacle théâtral.

Un grand merci aux familles d’accueil qui les ont hébergés et accompagnés durant ces deux semaines et qui en gardent un souvenir profond. Elles n’ont qu’une envie : aller les voir chez eux à Khan Younis où elles sont attendues.

Martine Buffard

«Il y a dans ce Proche-Orient de la place pour deux peuples»

Le 27 août, les élus d’Evry recevaient les enfants de Khan Younis et leurs accompagnateurs en mairie. Le Député-Maire, Manuel Valls dans son discours exprimait avec force son soutien :

“Vos sourires, votre espoir, doivent nous donner à nous, militants de la cause palestinienne le courage de continuer”.

“Il ne peut y avoir de paix sans une reconnaissance de tous les droits des Palestiniens, un Etat viable et pas morcelé, la création des conditions d’un développement économique et culturel. Cela nécessite une mobilisation de la communauté internationale, plus de courage et un changement profond du gouvernement israélien, changement pour lequel je ne suis pas optimiste”.

Source Le Veilleur hebdomadaire de l’Essonne n°36 (boocan.org)

Manuel Valls, dans son discours de réception le 27 août 2003 de 16 adolescents et 6 accompagnateurs adultes du camp palestinien de Khan Younès (Evry Palestine, n° 29, octobre 2003).

Wikipédia censure Valls sur Israël

Pour quelle raison une citation de *Manuel Valls* a-t-elle été supprimée de la noticeWikipédia du ministre de l'Intérieur ? Un contributeur de l'encyclopédie sur Internet voulait en effet faire figurer une déclaration faite il y a quelques années par Manuel Valls à Radio Judaïca-Strasbourg dans laquelle il déclarait : « Par ma femme, je suis lié de manière éternelle à la communauté juive et à Israël ». Mais l'un des administrateurs du site, Pierre Carl Langlais (qui dispose par ailleurs d'un blog consacré à Wikipédia sur Rue 89) a choisi de supprimer cette citation la jugeant « totalement anecdotique ».

Actualité juive (23 novembre 2012) s’étonne qu’ait disparu de la notice de Manuel Valls sur Wikipedia la phrase : « Par ma femme, je suis lié de manière éternelle à la communauté juive et à Israël. »

Manuel Valls, Israël et la communauté juive

« Par ma femme je suis lié de manière éternelle à la communauté juive et à Israël. »

Pour comprendre l'« affaire Dieudonné » et l'acharnement de Manuel Valls contre un humoriste, il faut avoir à l'esprit l'incroyable dérive depuis bientôt cinq ans de Manuel Valls dans son soutien « inconditionnel » à la politique israélienne et au gouvernement de Benyamin Netanyahou. Une évolution très récente (d'évidence liée à son remariage) puisque, comme on l'a vu au chapître précédent, Manuel Valls a été durant plus de 25 ans un défenseur de la cause palestinienne.

Ainsi le ministre de l'Intérieur a-t-il tissé des liens avec les relais de « Bibi » en France, via le CRIF, mais aussi outre-Atlantique, via l'American Jewish Committee. Nous avons essayé de recenser les interventions et rencontres de Manuel Valls avec des responsables communautaires juifs aux cours des quatre dernières années. La liste (établie partiellement à partir du site *Panamza*) n'est sans doute pas exhaustive…

- **Février 2010 :** Manuel Valls coupe les subventions de la mairie d'Evry à l'association Evry-Palestine.

- **1er juillet 2010 :** À la mairie d'Evry, Manuel Valls épouse, en secondes noces, la musicienne Anne Gravoin, au milieu d'un mélange d'« hommes qui portaient la kippa, venus de Manhattan ou de Londres, et d'imams de l'Essonne » selon Marek Halter, présent à la noce (*Elle*, 26 septembre 2013). Depuis, il est, par sa femme, « éternellement lié à Israël ».

- **1er novembre 2010,** *Le Monde :* il cosigne une tribune intitulée *Le Boycott d'Israël est une arme indigne.*

- **18 mars 2011 :** Manuel Valls fait annuler, via Thierry Mandon, le débat organisé par Evry Palestine aux *Cinoches* de Ris-Orangis, après la projection du film *Gaza-strophe*. Sur cette affaire, voir *Mediapart*, 16 avril 2011, blog de Pierre Puchot, et le communiqué de Jacques Picard, conseiller régional Verts d'Ile-de-France du 18 avril 2011, qui rappelle qu'il y a « quelques années […] (alors qu'un groupe de manifestants juifs était intervenu en demandant un débat contradictoire), Manuel Valls refusa et rappela que “ce conflit n’était pas symétrique, qu’il y avait bien un agresseur et un agressé, un faible et un fort, un processus de colonisation”. »

- 14 mai 2011 : Dans le cadre du programme Project Interchange de l’American Jewish Committee (l’équivalent états-unien du CRIF), Manuel Valls est convié à visiter Israël (où il s’était déjà rendu pour aller en Palestine) avec Olivier Ferrand (fondateur de Terra Nova), Pierre Aïdenbaum (maire du IIIe arrondissement de Paris), François de Rugy (député EELV), Arnaud Montebourg et Harold Hauzy. Manuel Valls ne sera semble-t-il finalement pas du voyage. Sam Witkin, confirme pourtant sa participation initialement dans sa newsletter de juin 2012. Il n’empêche que Manuel Valls est considéré aujourd’hui par l’AJC comme un « alumnus » (étudiant), auquel il a rendu hommage en tant qu’élève, « remarquablement » engagé dans la lutte contre l’antisémitisme (communiqué officiel de l’AJC France du 20 février 2013). Une rencontre privée entre David Harris, directeur exécutif de l’AJC, François Hollande et son directeur de communication, Manuel Valls, sera organisée à la veille de l’élection présidentielle.

- 17 juin 2011 : Sur *Radio Judaïca Strasbourg*, Manuel Valls est invité d’une conférence/débat où il prononce la phrase célèbre (voir l’annexe 4): « Par ma femme je suis lié de manière éternelle à la communauté juive et à Israël. »

- 25 septembre 2011 : Sur *Europe 1*, Manuel Valls s’oppose à la reconnaissance de la Palestine par l’ONU, ajoutant qu’il n’est pas judicieux de « braquer Israël ». Jean-Pierre Elkabbach, lui fait la remarque : « Vous parlez comme Netanyahou, Premier ministre d’Israël. »

- 4 octobre 2011 : À la Fnac des Ternes, le candidat aux primaires socialistes dédicace son dernier ouvrage. Des militants altermondialistes de l’association « We are change Paris » lui demandent de clarifier son rapport avec le groupe Bilderberg. Manuel Valls esquive et les traite comme des adeptes de la théorie du « complot judéo-maçonnique : « Quand on nie le 11 septembre et quand on nie la Shoah, c’est qu’il y a un vrai problème. » D’ailleurs, lors de sa visite à New York en juin 2013, Manuel Valls déclare : « Il y a de l’émotion. Le 11 septembre a frappé nos civilisations de plein fouet » (rapporté par le *French Morning* du 30 juin 2013), reprenant ainsi à son compte la théorie du « choc des civilisations » développée par Samuel Huntington.

les amis d'Israël
La charte

LA CHARTE DES AMIS D'ISRAËL

Au-delà de mes engagements politiques, de mes convictions spirituelles ou religieuses, au nom de la France et de son Histoire, de l'idéal républicain et des valeurs démocratiques : JE SUIS UN AMI D'ISRAËL

Parce qu'en tant que français(e), je suis attaché(e) aux valeurs fondamentales de Liberté, de Justice, d'Egalité de Paix et de Dignité.
Parce que je défends les Droits de l'Homme en général, celui des femmes lorsqu'il est bafoué et celui des minorités lorsqu'elles sont opprimées. Parce que j'estime que la défense de ces principes essentiels est un vecteur d'émancipation individuelle et collective.

JE SUIS UN AMI D'ISRAËL

Parce que l'Etat d'Israël, comme la France, porte la promesse d'une égalité des droits sociaux et politiques entre tous ses citoyens, sans distinction aucune.
Parce que l'Etat d'Israël, comme la France, garantit le pluralisme des opinions, la pleine liberté de conscience et de culte.
Parce que l'Etat d'Israël défend la sauvegarde et l'inviolabilité des lieux saints et des sanctuaires de toutes les religions.

JE SUIS UN AMI D'ISRAËL

Parce qu'Israël figure parmi les premières nations au monde à manifester sa solidarité lors de la survenue de catastrophes humanitaires, quelque soit le lieu et en toutes circonstances.
Parce que la mise en œuvre de ce principe de solidarité élémentaire favorise la coopération de peuple à peuple, de société à société et la défense, au-delà des frontières, de l'égale dignité de chaque homme.

JE SUIS UN AMI D'ISRAËL

Parce qu'il est de l'intérêt de la France d'entretenir une relation de confiance avec une nation de progrès dont le niveau d'éducation et les performances économiques sont parmi les plus élevés au monde.
Parce qu'il est de l'intérêt de la France de développer des partenariats avec un pays doté d'une grande capacité d'innovation et de centres de recherche d'excellence dans tous les domaines : scientifiques, technologiques, environnementaux, littéraires, culturels ou artistiques.

JE SUIS UN AMI D'ISRAËL

Parce que je suis convaincu(e) que développer une relation stratégique durable et devenir un partenaire actif de ce pays représente un défi et un atout pour les générations futures.
Parce que, par-delà les contingences historiques et politiques, les liens qui unissent la France et Israël sont profonds et indissolubles.

Manuel Valls a signé ce document le 3 avril 2012.

- 2 février 2012 : En visite à Paris, une délégation de l'American Jewish Committee, dont son président, David Harris, rencontre Manuel Valls.

- 18 mars 2012 : Palais des congrès, conférence organisée par le consistoire central, *Laïcité et antisémitisme au cœur du débat : Liberté, égalité, fraternité... laïcité.* Après avoir évoqué la famille de son épouse qui a fui la Moldavie, Manuel Valls qualifie de « légitime » cet « attachement à la terre » d'Israël car l'État hébreu « est un foyer spirituel pour les Juifs du monde entier ».

- 3 avril 2012 : Congrès des amis d'Israël à la Maison de la Mutualité. Manuel Valls signe un document ultra-sioniste, la « Charte des Amis d'Israël » (voir document p. 59). Lors de son discours, il salue Israël comme une « grande nation parmi les nations ».

- 21 mai 2012 : Dîner de gala du Conseil représentatif des institutions juives de France (CRIF) de Marseille-Provence. Manuel Valls leur réserve sa première sortie de ministre de l'Intérieur : « Quand un Juif de France est attaqué, c'est la République elle-même qui est attaquée. »

- 22 juillet 2012 : À Strasbourg, lors de l'inauguration de l'Allée des Justes, Manuel Valls promet, en présence de Richard Prasquier, de « combattre l'antisionisme, cet antisémitisme qui vise à nier Israël » et se déclare « fier de faire partie d'un gouvernement qui veut bâtir une amitié forte avec Israël ».

- 23 septembre 2012 : À la grande synagogue de la Victoire à Paris, devant le consistoire et à l'occasion de la nouvelle année 5773, le ministre en charge des Cultes affirme que « les Juifs de France peuvent porter avec fierté leur kippa » avant d'ajouter que « l'attachement charnel des Juifs de France pour leur pays ne saurait évidemment empêcher que des liens les unissent à la terre d'Israël ».

- 27 septembre 2012 : Manuel Valls rencontre les dirigeants du Centre Simon-Wiesenthal, émanation de la Ligue anti-diffamation du B'naï B'rith, basé en Californie. Ces derniers saluent la « défense de la communauté juive française » par Manuel Valls.

- 7 octobre 2012 : Place Beauvau, Manuel Valls reçoit les représentants de la communauté juive, au lendemain de tirs à blanc sur une synagogue à Argenteuil. Le ministre de l'Intérieur les accompagne ensuite à pied depuis son ministère jusqu'à l'Élysée afin d'organiser une entrevue avec le président de la République. Les dirigeants communautaires s'adresseront ensuite aux médias depuis le perron de l'Élysée.

- 28 novembre 2012 : Gala annuel de soutien à *Radio J*. Entre le 14 et le 21 novembre, le gouvernement Netanyahou a déployé l'armée israélienne dans le cadre de l'opération « pilier de défense » à l'encontre de la bande de Gaza : 162 morts (et 1 235 blessés) côté palestinien, 6 morts (et 50 blessés) côté israélien. Valls participe en tant qu'invité d'honneur : « La France a un lien avec la communauté juive. La communauté juive c'est la France et la France sans la communauté juive ce n'est plus tout à fait la France […] La France à travers le chef de l'État, à travers les parlementaires et à travers au fond tous les citoyens, doit en permanence rappeler, évidemment son soutien au processus de paix mais doit rappeler son lien, son amitié, son soutien quoiqu'il arrive à Israël. Israël doit savoir que la France sera toujours à ses côtés pour défendre son intégrité, sa sécurité, sa liberté, mais aussi et c'est ce qui nous réunit, ses valeurs. Ce qui nous unit avec Israël est bien plus important que seulement un soutien. Ce sont les valeurs qui unissent ces deux pays, valeurs que l'on retrouve dans les couleurs de nos deux drapeaux. C'est très important de le rappeler en permanence comme ministre de la République. Je veux dire à votre radio, monsieur le président, mon soutien comme ministre de l'Intérieur, ma préoccupation, mon soutien face à ces actes d'antisémitisme, ma très grande vigilance et je ne manque pas de rappeler mon engagement absolu et mon amitié évidemment pour Israël. » Dans son discours de 13 minutes, Manuel Valls n'oublie pas de féliciter les imams présents dans la salle (parmi lesquels Hassen Chalghoumi) pour leur voyage en Israël. Il commettra un lapsus révélateur qui entraînera l'hilarité générale en les qualifiant de « rabbins » et non d'« imams ».

- 31 janvier 2013 : Au dîner de gala du CRIF Rhône-Alpes, Manuel Valls déclare : « La France, sans les Français juifs, ne serait pas la France […] Il y a un judaïsme de France, nourri de nombreuses influences et baigné des valeurs de notre République. Ce judaïsme a profondément influencé la France, sa culture, sa littérature, sa musique, sa société […] La France est une amie de l'État d'Israël. Elle entretient avec lui des relations intenses. Elle est profondément attachée à son existence, à sa sécurité et à ce que ses frontières soient reconnues […] Je mets en garde tous ceux […] qui, à l'extrême gauche comme à l'extrême droite, utilisent la critique d'Israël pour nourrir cette vieille pensée rance qu'est l'antisémitisme. »

Remise de la légion d'honneur à l'Élysée le 6 février 2013 au milliardaire Ronald Lauder (héritier des parfums Esthée Lauder), président du Congrès juif mondial, en présence de Manuel Valls et de Roger Cukierman.

- **5 février 2013 :** Le conseil d'administration de l'AJC, en visite pour trois jours à Paris, rencontre Manuel Valls, Laurent Fabius, le secrétaire général de l'Élysée Pierre-René Lemas et le conseiller diplomatique de François Hollande, Paul Jean-Ortiz (ainsi que Jean-François Copé).

- **6 février 2013 :** Au palais de l'Élysée, le ministre de l'Intérieur et François Hollande accueillent les représentants de la communauté juive américaine. Le milliardaire Ronald Lauder, président du Congrès juif mondial (élu en 2007, réélu en 2013), reçoit à cette occasion la Légion d'Honneur.

- **20 mars 2013 :** Dîner annuel du CRIF, Manuel Valls se trouve juste à côté de Yossi Gal, ambassadeur d'Israël en France.

- **28 juin 2013, New York :** Manuel Valls vient saluer, à titre « privé », les membres de l'AJC et notamment David Harris.

- **8 septembre 2013 :** Chez Marek Harek, il participe à Roch Hachana (nouvel an juif)

- **10 septembre 2013 :** Dans une tente dressée à l'emplacement du futur centre européen du judaïsme, Manuel Valls participe à la cérémonie du nouvel an juif aux côtés de l'ambassadeur d'Israël, d'Anne Hidalgo, du

Grand rabbin de France et de Joël Mergui, président du Consistoire. Manuel Valls déclare : « L'antisémitisme et l'antisionisme [...] C'est la même chose ». Il annonce le « privilège » qu'il a de se rendre, début novembre, en Israël afin de renforcer la coopération policière entre les deux pays.

- 21 janvier 2014 : « La Shoah est un sanctuaire, on ne peut pas le profaner (*BFM TV*). »

- 26 janvier 2014 : Manuel Valls se rend au Conseil national du Fonds Social Juif Unifié (FSJU).

- 12 février 2014 : Manuel Valls rencontre secrètement à Paris le leader de l'extrême droite israélienne et ministre des affaires étrangères Avigdor Liberman.

- 20 février 2014 : Place Beauvau, Manuel Valls reçoit David Harris, un « faucon » (*hawkish approach*, selon *Haaretz* du 13 avril 2013), Jason Isaacson (directeur des affaires internationales à l'AJC) et Simone Rodan-Benzaquen (directrice de l'AJC France).

- 27 février 2014 : CRIF Midi-Pyrénées. Manuel Valls est l'invité d'honneur du dîner de gala. Il appelle à combattre « l'antisémitisme virulent » diffusé via Internet : « Ces souffrances [...] nous intiment l'ordre de ne pas baisser la garde, car quand on s'en prend à un Juif de France pour ce qu'il est, pour ce en quoi il croit, on s'en prend à la République, à la France, à nos valeurs. » Le ministre devait par ailleurs évoquer « cette lame de fond qui se fait joindre des antisémitismes venus d'horizons divers : l'antisémitisme traditionnel et un nouvel antisémitisme – on connaît le stratagème – qui se cache derrière un antisionisme de façade. Cette jonction, qui se fait notamment sur Internet, ranime un antisémitisme virulent, celui dont Alain Soral n'est qu'un petit idéologue rabougri. »

- 4 mars 2014 : Manuel Valls participe, avec son épouse, au dîner annuel du CRIF.

- 19 mars 2014 : Trocadéro. Manuel Valls participe à la manifestation *La Haine des Juifs, ça suffit ! Contre l'antisémitisme et pour la fraternité républicaine*, organisée par le CRIF, en présence de Bernard-Henri Lévy, Roger Cukierman, etc. Seulement « plusieurs centaines » de participants (selon *Libération*), en présence d'un nombre important de militants de la Ligue de défense juive. Manuel Valls déclare : « Juifs de France, sans vous la France n'est plus la France [...] Soyez fiers de proclamer au monde : les Juifs français sont à l'avant-garde de la République et de nos valeurs. »

Les petits snobismes de Manuel Valls

« C'est l'un des aspects méconnus du caractère de l'ancien ministre de l'Intérieur : son snobisme. Manuel Valls a ainsi instauré des règles en rupture avec la tradition dans les ministères pour tenir le "petit personnel" à l'écart de la vie de son cabinet. Chose rare, les secrétaires ont par exemple été exclu(e)s de la cérémonie des vœux au personnel du ministère, honneur qu'il a réservé aux seuls membres de son cabinet. Autre règle édictée par Valls : réserver à ces mêmes membres l'accès au lieu de travail par la grille d'honneur, excluant ainsi les autres collaborateurs du ministère, qui doivent emprunter des entrées moins prestigieuses. »

Valeurs actuelles, 20 février 2014.

© DR

Numéro prémonitoire de VSD.
Lui se voit sans doute à l'Élysée :
« Je sais que je suis fait pour exercer les plus hautes responsabilités dans mon pays… »
Rue 89, 5 juillet 2011

Manuel Valls, ministre de l'Intérieur

« Valls, l'enfumeur. »
Valeurs actuelles, 30 janvier 2014.

Place Beauvau

À la suite de son entrée au gouvernement comme ministre de l'Intérieur, Manuel Valls laisse son siège à son suppléant depuis 2002, Carlos Da Silva. Né en 1974 à Corbeil-Essonnes, cet instituteur de profession est également secrétaire fédéral départemental du PS dans l'Essonne depuis 2008, ce qui a son importance dans ce véritable marigot socialiste (Julien Dray, François Lamy, Benoît Hamon, Jean-Luc Mélenchon). L'office HLM local que présidait Carlos Da Silva a subi une « fusion-absorption » par l'office HLM d'Alfortville (situé dans le Val-de-Marne). Une nouvelle entité a ainsi été créée, Logial-Vivr'Essonne, dont le patronage a été confié à Luc Carvounas qui dirigeait la campagne de Manuel Valls lors des primaires socialistes. Carlos Da Silva, de son côté est devenu secrétaire national adjoint du PS à la rénovation auprès d'Arnaud Montebourg.

Celui qui va devenir ministre de l'Intérieur a donc bâti de solides réseaux à la veille d'un tournant majeur de sa carrière politique. S'il ne participe pas, le 5 mai 2012, à la veille du second tour de l'élection présidentielle, aux « 150 ans du pacte de Tolbiac » (5 décennies chacun), la liste des invités laisse entrevoir la toile qu'il a tissée. Le futur ministre de l'Intérieur rechigne à s'afficher publiquement avec Alain Bauer, jusqu'alors omniprésent dans l'entourage de Nicolas Sarközy, ou encore avec Claude Guéant, présent à la fête. La soirée est organisée chez *Drouant*, un luxueux restaurant parisien du quartier de l'Opéra. Parmi la centaine d'invités, on compte beaucoup de hauts fonctionnaires de la police nationale, dont Emile Perez, directeur de la coopération internationale au ministère de l'Intérieur, des politiques, comme les députés socialistes Jean-Christophe Cambadélis et Jean-Marie Le Guen, et des grands pontes du capitalisme français, comme

Antoine Frérot, le PDG de Veolia Environnement, Henri de Castries (AXA) ou encore Serge Dassault, qui n'hésite pas à dire le plus grand bien de Manuel Valls (*Le Parisien* du 19 septembre 2012). Manuel Valls rattrapera cette absence en fêtant ses 50 ans dans la villa de l'avocat d'affaires Gilles August (un ancien de l'UNI, dont l'épouse fut responsable de la communication de Philippe de Villiers) à Eygalières (Bouches-du-Rhône), avec Jérôme Cahuzac, Patrick Bruel, Nolwenn Leroy, Marc Pietri (promoteur immobilier marseillais), Michel Drucker...

Signe d'une certaine continuité du pouvoir, le secrétaire général de l'UMP Jean-François Copé l'a appelé le 17 juin 2012, « sincèrement heureux de sa nomination » qui fut officialisée ce jour-là. Même s'ils font mine d'être en froid, Alain Bauer est resté bien présent dans l'entourage de Manuel Valls. Si le ministre n'a pas forcément suivi tous les conseils de son ami pour la désignation du directeur général de la police nationale, le préfet Claude Baland, Alain Bauer semble malgré tout avoir été écouté lorsqu'il a « répondu aux questions posées par Manuel sur les personnalités des uns et des autres au moment de la constitution du cabinet » (*L'Express*, juin 2012).

Son équipe rapprochée

« Ils sont [NDA: son équipe] tous pétés de trouille. [...] Manuel a un côté fascistoïde. C'est un vrai mâle dominant qui a une certaine brutalité. Les mecs obéissent. Couché, pas bouger »

Propos d'un conseiller ministériel, rapporté dans *Valls à l'Intérieur.*

Manuel Valls a choisi comme chef de cabinet le préfet Thierry Lataste. Ce haut fonctionnaire de gauche, fut Haut-Commissaire en Nouvelle-Calédonie, chargé de la mise en chantier des accords de Nouméa (il avait représenté lors des négociations le ministre socialiste des DOM-TOM Jean-Jack Queyranne) qui déboucha, avec le « Destin commun », sur la suppression du droit de vote pour des milliers de Français résidents (1999-2002). En décembre 2012, les parties gênantes de sa notice *Wikipedia* ont curieusement disparu.

Au poste de conseiller auprès du ministre, Manuel Valls a choisi le « frère » Yves Colmou. Également initié au GODF (*Le Figaro* du 8 décembre 2012), sa nomination est une émanation directe des réseaux rocardiens. C'est un ami proche de Stéphane Fouks. Ils se connaissent de longue date puisqu'ils militaient ensemble à la section PS de Charenton-le-Pont (Val-de-Marne). Il a fait rentrer Fouks, en 1984, au cabinet du ministère de l'Agriculture d'alors, Michel Rocard. Il en est, en effet un très proche puisqu'il fut son chef de cabinet au ministère du plan et de l'aménagement du territoire (1982-1983), à l'Agriculture (1983-1985), à Matignon (avec le jeune Manuel Valls 1989-1991), puis son directeur de cabinet à la tête du PS (1993-1994). Ancien assistant parlementaire du député du Val-d'Oise Alain Richard, il a suivi une petite carrière d'élu, comme conseiller régional de Franche-Comté aux côtés de Pierre Moscovici (1998-2004) et premier secrétaire fédéral PS du Jura. Il échouera à se faire élire dans ce département, face à l'UMP Jacques Pélissard en 2001 à la mairie de Lons-le-Saunier, puis lors des législatives de 2002, où son adversaire a été élu dès le premier tour avec 50,5 % des voix. Yves Colmou a parallèlement conseillé Lionel Jospin, alors Premier ministre. Directeur adjoint de sa campagne présidentielle en 2002, avec Marie-France Lavarini, Colmou fut très critiqué pour avoir donné le feu vert aux journalistes pour diffuser les propos « off » de Lionel Jospin sur l'âge d'un Jacques Chirac « fatigué ». Après la débâcle de 2002, il s'éloigne de la politique et se recycle au cabinet de consultants Progress, qui travaille principalement avec les collectivités territoriales de gauche, ce qui lui a permis de peaufiner sa « bonne connaissance de la fonction publique » (*Acteurs publics* du 16 novembre 2011). Constamment en contact avec le PS, Yves Colmou est devenu, en janvier 2010, secrétaire national adjoint du PS à la communication, puis aux élections. Au cabinet de Manuel Valls, il sera son conseiller aux élections du PS. Sa mission? Faire en sorte que le redécoupage des circonscriptions cantonales à partir de 2015 assure la réélection d'un maximum d'élus de gauche. Il faut dire qu'il en est un spécialiste puisqu'il a occupé cette fonction auprès de Mauroy, Rocard, Vaillant (2000 et 2001), Jospin. Comme le résume parfaitement *Atlantico* (13 janvier 2013): « Chargé d'une "mission de service public relevant du gouvernement" et sans affectation territoriale, le tout nouveau préfet Yves Colmou, va donc rencontrer dans les mois qui viennent chacun des soixante présidents de département tenus par la gauche pour s'assurer que le découpage de Manuel Valls suivra les bons pointillés et ne provoquera aucun basculement à droite ». Valls l'a par ailleurs nommé préfet, au même moment que Pierre Besnard, chef de cabinet de François Hollande. Fait rarissime, car pour cela, il a dû retirer le titre à deux personnalités nommées par François Fillon en 2002.

© DR

ASSEMBLÉE NATIONALE

RÉPUBLIQUE FRANÇAISE
LIBERTÉ - ÉGALITÉ - FRATERNITÉ

Meyer HABIB
Député de la 8ème circonscription des français de l'étranger
Chypre - Grèce - Israël - Italie - Malte - Saint-Marin - Turquie - Vatican
Membre de la Commission des Affaires étrangères

Paris, le 9 décembre 2013

Monsieur le Ministre, Cher Manuel,

J'ai visionné une vidéo terrifiante qui circule sur internet et provoque un émoi considérable dans la communauté juive et chez les Français en général. Attribuée à un certain Malik Naram, cette vidéo appelle à exterminer les juifs.

Malik Naram y explique durant plusieurs minutes que l'élimination des juifs est un devoir pour les fidèles musulmans. Il affirme qu'Hitler a été « trop gentil » et qu'il faut maintenant finir le travail. Le Prophète, d'après lui, a annoncé que les musulmans extermineront les juifs « jusqu'au dernier » et qu'il était temps de lui obéir.

Je tenais à attirer votre attention sur cette vidéo, véritable appel à la haine raciale. Pouvez-vous me dire quelles mesures vous comptez prendre face à cet appel au meurtre ? Savez-vous si cette vidéo a été faite en France, et qui en est l'auteur ? Je connais votre détermination sans faille et je vous fais confiance pour trouver les mesures appropriées.

Nous savons depuis les tragédies de Toulouse que lorsque ces gens-là expriment leur souhait de massacrer des juifs, ils s'en donnent les moyens. Ce n'est pas que de la rhétorique. Je vous appelle donc à la plus grande vigilance, car nous ne pouvons pas accepter qu'il y ait à nouveau des tragédies comparables à celles perpétrées par Mohammed Merah.

Je vous prie d'agréer, Monsieur le ministre, l'expression de mes meilleurs sentiments.

Bien amicalement à toi,

Meyer Habib

Po: Meyer HABIB

Monsieur Manuel VALLS
Ministre de l'Intérieur
Place Beauvau
75008 Paris

« Cher Manuel », « Cher Meyer ». Quand le ministre de l'Intérieur dialogue chaleureusement avec le député ultrasioniste UDI des Français d'Israël…

Liberté • Égalité • Fraternité
RÉPUBLIQUE FRANÇAISE

MINISTÈRE DE L'INTÉRIEUR

Le Ministre

Paris, le 19 DEC. 2013

Monsieur le député, cher Meyer Habib,

Dans votre courrier, en date du 9 décembre, vous m'avez signalé la présence, sur Internet, d'un message antisémite d'une extrême violence appelant à l'extermination des Juifs.

Ce message odieux, qui constitue une incitation à la haine raciale et une apologie de crime de guerre, est une insulte à la mémoire des victimes de la Shoah et aux valeurs de la France. Il est également une insulte faite à l'ensemble des Musulmans puisqu'il se revendique de l'Islam.

Comme vous le savez, les réseaux sociaux, souvent sous couvert d'anonymat, sont devenus des espaces où la parole raciste, antisémite, xénophobe se libère. Sachez que tout est mis en œuvre au travers de moyens adaptés, et notamment la plateforme PHAROS, pour lutter contre les individus diffusant des messages de haine. D'ailleurs, la vidéo à laquelle vous faites référence a fait l'objet de plusieurs signalements sur cette plateforme.

Dans la continuité, je tenais à vous signaler que le 11 décembre 2013, un individu s'est présenté au commissariat de Gagny, dans la Seine-Saint-Denis, et a affirmé être l'auteur, sous le pseudonyme de [redacted] de cette vidéo. Cet individu a alors été placé en garde à vue. Se rendant à son domicile, les enquêteurs ont pu saisir différents éléments.

A l'issue de l'enquête menée sous l'autorité du parquet, cet individu a été présenté à un juge d'instruction et mis en examen. Il appartient dorénavant à la Justice de se prononcer.

Vous assurant, à nouveau, de ma vigilance totale, et de ma détermination à lutter sans relâche contre les actes antisémites et racistes, je vous prie de croire, Monsieur le député, à l'assurance de mes sentiments les meilleurs, et les plus cordiaux,

Manuel VALLS

Le directeur adjoint du cabinet de Manuel Valls est le préfet Renaud Vedel. Né en 1971, ce diplômé de Sciences-Po Paris (promotion 1993) et de l'ENA (promotion Cyrano de Bergerac, 1997-1999) a commencé sa carrière comme directeur de cabinet du préfet du Vaucluse (1999-2001). Il a rejoint le ministère de l'Intérieur en janvier 2003 comme chef de cabinet de Michel Gaudin alors directeur général de la police nationale, puis il l'a suivi à la préfecture de police de Paris (septembre 2007-janvier 2012). Il est ensuite devenu pour quelques mois secrétaire général de l'administration de la préfecture de police de Paris. De « culture mendésiste-deloriste » (*Le Monde*, 15 février 2012), Renaud Vedel est avant tout un proche d'Alain Bauer qui l'a introduit auprès du Manuel Valls. Il a rédigé pour lui deux rapports sur la sécurité quand ce dernier était l'éminence grise de Sarközy, *Sur la sécurité au quotidien* en 2007 et le *Livre blanc sur la sécurité publique* en 2011. Ainsi Vedel est une de ses passerelles avec l'entourage de Sarközy. Il a par ailleurs participé début 2011, au groupe de travail sur la sécurité du *think tank* Terra Nova, même s'il n'a jamais pris sa carte au Parti socialiste.

Il partage le poste avec Thomas Andrieu. Né le 15 décembre à Paris, ce pur héritier (au sens de Pierre Bourdieu) est le fils du préfet Jacques Andrieu (lui-même fils du préfet Robert Andrieu), résistant gaulliste et inspecteur général des Finances, qui sera notamment directeur général de la Caisse de coopération économique (devenue l'Agence française de développement), président de la Commission des opérations de bourses, et brièvement secrétaire aux Travailleurs immigrés (28 mai au 22 juillet 1974), et de Claire Andrieu, professeur d'histoire contemporaine à l'IEP de Paris, qui a signé plusieurs ouvrages tels que *La Persécution des Juifs de France* (1940-1944), *La Banque sous l'occupation*, ou encore *Pour l'amour de la République*. Il a épousé Marguerite Bérard, fille de Jean-Michel Bérard (membre du Siècle) et de Marie-Hélène Bérard (divorcée Bérard, née Genstein), membre du Siècle, ancienne militante trotskiste, membre de SOS Racisme, qui fut chargée de mission de Simone Veil. Thomas Andrieu, énarque (promotion Léopold Sédar-Senghor) deviendra auditeur (2004-2007) puis maître des requêtes au conseil d'État (2007). Ce tenant du mondialisme a été *chevening scholar* du British Council (1998) et *Marshall Memorial Fellow* du German Marshall Fund of the United States (2008). Comme on le verra, c'est lui qui sera chargé de la répression « anti-Dieudonné ».

Sébastien Gros, qui est un des lieutenants les plus empressés de Manuel Valls, se retrouve chef de cabinet. Après avoir fait la campagne de Jean-Pierre Chevènement en 2002, il est passé chez Ségolène Royal (2007), puis, après un bref détour chez Hollande, a rejoint Valls dont il a été, depuis 2006, son directeur de cabinet à la mairie d'Evry. Il a contribué à la création de l'association de Manuel Valls, À gauche, besoin d'optimisme (2009). Il certifie sur son blog : « Exister par moi-même politiquement, c'est être aussi capable de ne pas indexer mon ambition à [la] réussite de [Manuel Valls]. »

Faites ce que je dis, ne faites pas ce que je fais, pourrait dire Valls à propos de la composition de son cabinet : en effet, le ministre de l'Intérieur semble hermétique à la « parité » et à la « diversité » puisqu'on trouve quatre femmes pour douze hommes dont Fadela Benrabia, qui fait d'une pierre deux coups, devenant en juillet 2012 la seule représentante de la « diversité » au poste de… conseillère intégration, asile. Le ministre de l'Intérieur a par ailleurs récompensé un fidèle parmi les fidèles, Harold Hauzy. Ce diplômé de Sciences-Po (promotion 2001) est devenu conseiller communication-presse au ministère. Auparavant, il avait été la plume de Manuel Valls et directeur de la communication de Valls à la mairie d'Evry. Pendant la campagne présidentielle de 2012, il a été coordinateur adjoint à la communication (chargé des éléments de langage) avec Sébastien Gros et Christian Gravel.

Christian Gravel, né en 1975, est l'exécutant de Manuel Valls par excellence. Celui que Valls appelle le « samouraï » (et que François Hollande surnomme « l'homme qui ne dit rien ») est un champion de Viet Vo Dao, un kung-fu vietnamien, et de boxe thaïlandaise. Il ne quitte pas François Hollande puisqu'il est son conseiller en communication. Pendant la campagne présidentielle, il a été de tous les déplacements de François Hollande, l'accompagnant sur les plateaux de télévision. Il était, avec Aquilino Morelle et Valérie Trierweiler, du premier cercle présent dans son bureau à Tulle lors de la victoire : « C'est l'espion qui informe Manuel du moindre fait et geste de François, lui rapportant les on, les off, les appels. Christian, c'est l'œil de Moscou » rapportait un membre de l'équipe de François Hollande déjà pendant la campagne présidentielle (*Magazine du Monde*, 14 avril 2012). » En effet, Christian Gravel n'est autre que l'ancien directeur de cabinet de Valls à la mairie d'Evry.

Il doit tout à Valls, son mentor qu'il a connu à vingt-six ans lorsqu'il a effectué son service militaire au service de la communication de Mati-

Il est également vice-président de l'association de Manuel Valls, À Gauche besoin d'optimisme. Manuel Valls a donc su placer à des postes stratégiques des hommes qui lui doivent tout. Il agit tel Louis XI, l'"universelle aragne" qui gouverna par l'intrigue, la ruse et les informateurs plus que par la force, et dont les biographies ont fasciné le ministre de l'Intérieur depuis l'enfance (dixit *Le Point*, 7 mars 2013).

Jean-Jacques Urvoas, président de la commission des lois de l'Assemblée nationale est également un proche de Manuel Valls. Né en 1959 à Brest, il est un ami de longue date du ministre de l'Intérieur. Ancien de la MNEF, assistant parlementaire du député du Finistère Bernard Poignant (1984-1986), il a ensuite été le directeur de cabinet de ce proche « historique » de François Hollande à la mairie de Quimper (1989-1998), avant d'entrer au Conseil régional de Bretagne (2004-2007). Député du Finistère depuis 2007, il est également secrétaire national du PS chargé de la sécurité depuis 2009. Ce relais de Manuel Valls au parlement est membre du conseil d'orientation de l'Observatoire national de la délinquance et des réponses pénales (ONDRP) d'Alain Bauer.

Longtemps considéré comme marginal au sein du Parti socialiste, Manuel Valls a su quadriller le PS et on a pu apercevoir son réseau interne au parti quand il a pris une posture de « droite » sur le dossier des Roms (nous verrons plus tard qu'il ne s'agit bien sûr que d'une posture). Les attaques de la « gauche morale » ont à ce moment-là paru bien falotes par rapport à la réponse, une tribune dans le *Journal du dimanche* (25 octobre 2013) signée par 16 élus, prenant la défense du ministre de l'Intérieur : Dominique Baert, député du Nord, maire de Wattrelos, vice-président de Lille Métropole, Jean-Pierre Blazy, député du Val-d'Oise, maire de Gonesse, Daniel Boisserie, député de la Haute-Vienne, maire de Saint-Yrieix-la-Perche, président de la communauté de communes du Pays de Saint-Yrieix, Jean-Paul Bret, maire de Villeurbanne, vice-président du Grand Lyon, Luc Carvounas, sénateur du Val-de-Marne, maire d'Alfortville, 1er vice-président de Plaine centrale du Val-de-Marne, Gérard Caudron, maire de Villeneuve-d'Ascq, vice-président de Lille Métropole, Francis Chouat, maire d'Evry, président de la Communauté d'agglomération Evry Centre Essonne, Gérard Collomb, sénateur du Rhône, maire de Lyon, président du Grand Lyon, Martine David, maire de Saint-Priest, vice-présidente du Grand Lyon, Philippe Doucet, député du Val d'Oise, maire d'Argenteuil, président de la communauté d'agglomération Argenteuil-Bezons, Philippe Esnol, sénateur des Yvelines, maire de Conflans-Sainte-Honorine, Sébastien Pietrasanta, député des Hauts-de-Seine, maire d'Asnières-sur-Seine, Pascal Popelin, député de Seine-Saint-Denis, 1er adjoint au maire de Livry-Gargan, Christian Teyssedre, maire de Rodez, président du Grand Rodez, Daniel Vaillant, ancien ministre, député de Paris, maire du 18e arrondissement, conseiller de Paris et Maurice Vincent, sénateur de la Loire, maire de Saint-Étienne, président de Saint-Etienne Métropole (nombre ont perdu leur siège aux élections municipales de 2014).

Une action catastrophique

« Le pire ministre de l'Intérieur. »

L'ancien ministre UMP Christian Jacob (23 janvier 2014).

Peu après sa nomination, Manuel Valls répétait à l'envi que les Roms n'étaient que 20 000 sur le territoire français. Or, le bilan des expulsions de 2013 indique que pas moins de 20 000 Roms ont été expulsés. Un épisode qui résume assez bien l'action de Manuel Valls quant à la sécurité des Français, et cela malgré ses postures et un discours volontiers va-t-en guerre. Dès le 16 octobre 2012, il a transmis aux préfets une circulaire facilitant les critères de naturalisation et ainsi 36 000 étrangers ont été régularisés pour l'année 2012 (contre environ 30 000 par an environ sous l'ère de Nicolas Sarközy). Pour l'année 2013, le nombre de régularisés a bondi de 10 000. Un effet de la circulaire du 28 novembre 2012, présentée comme une « clarification » de la législation puisque plus de 16 000 personnes ont été régularisées en vertu de cette circulaire entre décembre 2012 et novembre 2013. Soit au total 46 000 régularisations pour 2013, une hausse de 55 % par rapport à 2011.

Et Manuel Valls ne compte pas en rester là, avec pour objectif affiché 100 000 naturalisations par an. On notera comme symbole de ce laxisme (idéologique) en matière d'immigration la retentissante « affaire Léonarda ». Le dispositif d'accueil des demandeurs d'asile est à bout de souffle, puisqu'une grande majorité des immigrants clandestins « économiques » utilise ce dispositif qui est le moyen le plus sûr de rester en France. Ainsi, le nombre de dossiers enregistrés par l'Office français pour la protection des réfugiés et apatrides (OFPRA) a atteint les 70 000 dossiers à la fin de l'année 2013 (soit une hausse de 90 % en six ans), avec un coût de 670 millions d'euros consacrés au seul asile dans la loi de finance 2013 (hébergement et allocation temporaire d'attente). Les 80 % de « réfugiés » déboutés viennent ensuite grossir la liste des « sans-papiers », sans pratiquement jamais risquer l'expulsion. Mais qu'on se rassure pour les « réfugiés », une circulaire a été émise le 4 décembre 2012 demandant aux préfets d'améliorer l'accueil des étrangers en préfecture.

Alors que le bilan de l'année 2013 aboutit à une hausse des cambriolages (de 6 à 8 %, soit un millier de cambriolages par jour, + 26 % à Paris) et de la délinquance (les escroqueries ont monté de 5 à 11 % selon les zones, soit 330000 délits en un an alors que seules les affaires transmises au parquet sont comptabilisées), le 18 décembre 2013, le général Bertrand Soubelet (directeur des opérations et de l'emploi à la DGGN) déclare lors de son audition devant la commission parlementaire de lutte contre l'insécurité : « Quand vous relâchez 65 % de ceux qui se sont rendus coupables d'un certain nombre d'exactions, comment voulez-vous que les chiffres baissent ? C'est tout à fait impossible. Vous pouvez multiplier par deux les effectifs de gendarmes dans les Bouches-du-Rhône, cela ne changerait rien. »

De plus, un rapport des préfets en date du 17 janvier 2014, rendu public par le *Canard Enchaîné* le mois suivant, fait état d'un mécontentement généralisé chez les policiers : « Tendues, les forces de l'ordre souhaiteraient être soutenues dans leur action par l'autorité judiciaire [...] Après avoir été repris par les médias, le discours du directeur des opérations et de l'emploi de la gendarmerie dénonçant devant une commission de l'Assemblée nationale l'insuffisance de la réponse judiciaire à la délinquance est inégalement relayé sur le territoire où il trouve une oreille attentive [...] Policiers et gendarmes pointent le fossé entre la fermeté des directives de leur hiérarchie et les suites pénales des interpellations effectuées, notamment en matière de lutte contre les cambriolages. Ils citent, par exemple, la simple convocation devant OPJ (officier de police judiciaire) six mois plus tard d'un cambrioleur interpellé en flagrant délit. »

Au total ce sont 2,6 millions d'affaires qui ont été classées par défaut d'élucidation sur 4 millions en 2013. Le 28 janvier 2014, lors des vœux du syndicat Synergie-officiers, son secrétaire général, Patrice Ribeiro, interpelle Manuel Valls : « Nous assistons à une multiplication des quartiers en sécession. »

La répression de La Manif pour tous

Si Manuel Valls n'a que faire des quartiers en sécession, c'est qu'il a d'autres chats à fouetter. En effet, le mouvement de protestation à la loi sur le mariage homosexuel, la dissolution de groupes nationalistes et l'« affaire Dieudonné » ont requis toute son attention avec un traitement bien particulier.

Le mouvement de protestation contre le mariage homosexuel verra des records de désinformation, avec un véritable grand écart entre les chiffres des manifestants et les chiffres des organisateurs, et cela dès la manifestation du 17 novembre 2012 à Paris (70 000 contre 200 000). La différence s'accentuera lors de la manifestation du 13 janvier (340 000 contre un million), puis pour celle du 26 mai 2013 (150 000 pour un million). Manuel Valls avait d'ailleurs enjoint aux familles de ne pas défiler avec des enfants pour cette dernière manifestation et avait même évoqué, le 24 mai, la possibilité de faire interdire le Printemps français.

Il faut dire qu'entre-temps le ministère de l'Intérieur aura tout fait pour favoriser le pourrissement de la situation avec notamment la manifestation du 24 mars. C'est d'ailleurs lors de cette manifestation que l'explication et

© DR

Les laboratoires consultés ont tous reconnu que les photos des manifestations contre le mariage homosexuel avaient été trafiquées de manière à «gommer» nombre de manifestants. Les faussaires de la préfecture de police en ont profité pour gommer aussi les arbres et bandes blanches…

© Thomas Debesse

Trois provocateurs policiers en action : l'un (capuche noire) armé d'une barre de fer, le second avec une bombe au CS (gaz incapacitant).

© Thomas Debesse

Ici, deux autres provocateurs policiers en action.

le but de tels écarts de comptage seront donnés. Alors que le chiffre dérisoire de 300 000 manifestants est donné par la préfecture de Paris (1,4 million selon les organisateurs), le producteur de télévision Pierre Barnérias dénonce la manipulation des images aériennes de la manifestation diffusées le lendemain même sur le site de la préfecture de police de Paris. Suspectant une manipulation, le producteur envoie les images à trois laboratoires, tous basés à l'étranger par souci de neutralité : *Quality Lab* et *Techno Photos* en Belgique et *Columbia Photos Studio* à Washington.

Tous les laboratoires contactés ont relevé des retouches sur ces images extraites d'une vidéo aérienne, apportant ainsi une preuve scientifique que des retouches ont été effectuées sur les vingt-quatre images diffusées sur le site internet de la préfecture. Images qui ont tout de même été exploitées par le journal *Le Monde* pour son propre comptage des participants à la Manif pour tous validant le chiffre de 300 000. En réalité cette minimisation de l'événement avait débuté dès le 22 mars, quand la préfecture de police déclarait attendre 100 000 personnes. Ce qui permit d'établir un parcours volontairement restreint dans le but d'engendrer des troubles. Troubles qui eurent lieu mais une fois encore, nombre de clichés et de témoignages apportent la preuve qu'il s'agit de provocations policières, permettant aux forces de l'ordre sur place d'asperger de gaz lacrymogène des Français innocents, souvent accompagnés de leurs enfants. Le service d'ordre de la Manif pour tous, exemplaire, avait alors protégé les manifestants. Il y a eu ce jour-là 98 interpellés pour 6 placés en garde à vue. Manuel Valls y gagna le surnom de « Manuel Gaz ».

On notera en l'affaire le rôle de Jean Daubigny, préfet de Paris, nommé en décembre 2012. Il n'est autre que le premier directeur de cabinet de Manuel Valls. Né en 1948 à Troyes (Aube), ce diplômé de Sciences-Po (promotion 1971) et de l'ENA (promotion Guernica 1974-1976) a commencé sa carrière à la Cour des comptes dont il est devenu conseiller maître en 1993, avec un passage comme conseiller technique chargé de l'Intérieur et de l'outre-mer de François Mitterrand à l'Élysée (juillet 1988-janvier 1991). Il a parallèlement rejoint la préfectorale comme directeur de cabinet du préfet de Corse en 1980. Comme le résume *Ouest France* du 18 mai 2012 : « À la manière d'un chat, Jean Daubigny a déjà connu sept vies de préfet : Vaucluse, Loire, La Réunion, Marne, Haute-Garonne, Ille-et-Vilaine et Loire-Atlantique. » Il déclinera le poste de préfet de Corse que lui avait proposé Lionel Jospin après l'assassinat du préfet Claude Erignac. Avant même sa nomination, Manuel Valls avait persuadé Jean Daubigny de devenir son directeur de cabinet.

Ces provocations policières devaient permettre, d'une part de créer un climat de terreur autour d'un mouvement familial et pacifique, et d'autre part, d'accuser les organisateurs de la Manif pour tous. Manuel Valls déclarait d'ailleurs le soir du 24 mars sur *i-télé* : « Manifestement les organisateurs ont été débordés, incapables parfois d'organiser cette manifestation. Ils avaient lancé un certain nombre de consignes pour manifester sur les

© DR

Au second plan, provocateurs policiers casqués lors de la Manif pour tous du 2 février 2014.

Champs-Élysées malgré les interdictions, ce qui a amené, en début d'après-midi une situation délicate qui a été parfaitement maîtrisée par les forces de l'ordre. [...] Moi j'en appelle à la responsabilité de tous ceux qui ont organisé cette manifestation, de tous ceux qui ont appelé à cette manifestation pour que chacun tire les leçons de ce type de débordement. ». Or, ces légers débordements ont été largement orchestrés par les provocateurs policiers eux-mêmes et le parcours de la manifestation volontairement réduit en amont. Le 26 mars, Valls déclare encore à l'Assemblée nationale : « Les forces de l'ordre ont fait cesser ces débordements auxquels se sont livrés quelques centaines d'individus extrémistes déterminés que je ne confonds pas avec les simples manifestants entraînés malgré eux. Il n'y a eu aucun tir de grenade, et parler d'enfants gazés est tout le moins un douteux amalgame scandaleux dont vous n'avez pas le droit de prononcer ici dans cet hémicycle. »

On notera ici que Manuel Valls ne présentera pas le même entrain répressif ni la même fougue verbale lors de la « fête » du titre du PSG au Trocadéro, où des bandes armées saccagèrent les Champs-Élysées (seulement 21 interpellations et 800 policiers pour un événement à haut risque). Les « antifas », quant à eux, ont pu se permettre de mettre à sac le centre-ville de Rennes (8 février 2014) ou encore de casser la librairie Facta, le lendemain même, alors qu'un cordon de gardes mobiles encadrait la manifestation. Et nous ne parlerons pas des Femen qui attaquent églises et symboles de la chrétienté sans que le ministre en charge des cultes ne bronche (pas même un communiqué pour s'indigner qu'une féministe ait pu feindre un avortement à l'église de la Madeleine).

La haine des nationaux

On voit donc déjà se dessiner ce qui déterminera dès lors son action : la lutte contre « l'extrême droite ». Comme l'a excellemment rapporté Eric Zemmour (*Le Figaro Magazine*, 26 février 2014) : « Depuis des mois, il nous annonce le retour des ligues d'extrême droite, des pronunciamientos à tous les coins de rue, la "République en danger". C'est tous les jours le 6 février 1934. Et puis, dans la rue, le Blücher violent, casseur, se révèle de gauche ; Valls dit pudiquement "d'ultra-gauche", sans doute pour innocenter d'avance "l'extrême gauche" trotskiste ou verte [...] C'est bien le syndrome de Grouchy de Valls : ce qu'il ne peut voir n'existe pas, mais il voit ce qui n'existe pas. Cet aveuglement volontaire traduit un désarroi profond de la gauche [...] La rue lui échappe. »

Quelques jours avant l'adoption de la loi sur le mariage homosexuel, il dénonce déjà « les actes homophobes » de « groupes pétainistes » (*L'Express* du 18 avril 2013). Cet acharnement de Manuel Valls vis-à-vis des nationalistes va s'accentuer après le 5 juin 2013, date de la mort de l'extrémiste gauchiste Clément Méric. Dès le 8 juin, Jean-Marc Ayrault annonce qu'il demande au ministre de l'Intérieur « d'engager immédiatement » une procédure en vue de la dissolution des Jeunesses nationalistes révolutionnaires (JNR). Le Conseil des ministres du 10 juillet 2013 prononce la dissolution de Troisième Voie et des JNR ainsi que de l'association Envie de rêver, gestionnaire du bar *Le Local*. Le 24 juillet, Manuel Valls annonce à l'issue du conseil des ministres, la dissolution de l'Œuvre française (qui n'avait strictement jamais été citée en l'affaire) et des Jeunesses nationalistes.

On notera qu'il s'agissait de groupes nationalistes ne pouvant être accusés de violences précises contrairement au groupe Antifas-Paris Banlieue auquel appartenait Clément Méric. Ce dernier apparaît d'ailleurs en agent provocateur (non sans couardise) lors d'agressions contre la Manif pour tous en avril 2013. Sur une vidéo (cf. Linepress), on le voit provoquer des manifestants. Alors que des policiers interviennent pour rétablir l'ordre, Clément Méric se faufile entre les policiers en civils et trouve refuge derrière les bénévoles de sécurité de la Manif pour tous. Quand la tension baisse, Méric, reconnaissant, part rejoindre ses camarades derrière une banderole *L'Homophobie tue* pour crier « Pas de fachos dans nos quartiers, pas de quartier pour les fachos ».

Une devise qu'a fait sienne le ministre de l'Intérieur. D'ailleurs, Manuel Valls fait preuve d'une certaine paranoïa dans sa croisade antifasciste, organisant par exemple une simulation de prise d'otages à l'Assemblée nationale le 3 février 2014. Pour l'occasion les gendarmes d'élite du GIGN avaient été réquisitionnés pour libérer les députés retenus par un « collectif anti-tout » qui demandait à parler à Manuel Valls, tandis que la salle de la commission des finances était transformée en PC de crise. Interrogé sur la manifestation jour de colère qui s'est déroulée une semaine auparavant (26 janvier 2014), Manuel Valls s'alarme d'un climat comparable aux « années 30 », ciblant une fois de plus Alain Soral, Dieudonné ou Farida Belghoul. Il se dit « inquiet par une forme de désacralisation de la Shoah. Face à cela, il faut une réponse d'une grande fermeté [...] Il appartient à tous les républicains de faire bloc et de se rebeller contre l'infâme (*Le Journal du dimanche*, 2 février 2014). »

Il en rajoute alors une couche pour l'UMP : « Quand l'UMP donne le sentiment de comprendre la manifestation de dimanche [Jour de colère], de cautionner les rumeurs malveillantes sur l'école ou de soutenir la manifestation de ce jour [Manif pour tous], alors que le mariage pour tous a été voté et qu'il n'y aura ni GPA ni PMA, elle prend le risque d'entretenir un climat malsain. » Deux jours plus tard, quand Pierre Lellouche lui fait remarquer dans les couloirs de l'Assemblée nationale : « Tu y es allé un peu fort dans ton interview, on n'est pas le 6 février 1934 ! », la réponse de Valls est sans appel : « Je t'emmerde ! » (*Le Parisien*, 4 février 2014). Le 25 février 2014, remettant le couvert, il s'en prendra cette fois au député pourtant ultra-sioniste Claude Goasguen « M. Goasguen vous en venez, vous, de l'extrême droite ! Vous savez ce qu'il en est ! » On notera qu'en ce qui concerne la GPA et la théorie du genre, Manuel Valls déclarait dans *Têtu* en mai 2011 « La GPA est une évolution incontournable [...] Je crois que si elle est maîtrisée, elle est acceptable, et j'y suis donc favorable [...] Il y a un énorme travail à faire à l'école, dès les plus petites classes, sur les religions, le sexe, le racisme... »

Alain Soral et Dieudonné, ennemis publics numéros 1

« Il combat Dieudonné mais pas les délinquants. Les automobilistes mais pas les gangs de l'Est. Les veilleurs mais pas les Femen. »

Valeurs Actuelles (30 janvier 2014).

Après avoir obtenu la dissolution de l'Œuvre française, des Jeunesses nationalistes et de Troisième voie, Manuel Valls s'attelle à l'été 2013 à un nouveau combat qui concentre l'essentiel de son énergie depuis lors : venir à bout du tandem Dieudonné-Alain Soral, un humoriste et un sociologue, tous deux venus de la gauche, critiques du sionisme, et du communautarisme juif dévoué à cette cause. Il est essentiel, pour comprendre cet acharnement de Manuel Valls (qui tranche avec le laxisme vis-à-vis des Femen, des antifas, des Roms, etc.), de l'apprécier à l'aune de sa lente dérive en direction de l'extrême droite israélienne.

Le 23 août 2013, à l'université d'été du Parti socialiste à La Rochelle, ce naturalisé déclare « Il faut condamner inlassablement les discours et les agissements de l'extrême droite. Il faut les combattre par tous les moyens légaux comme je l'ai fait en proposant au président de la République et au Premier ministre la dissolution de groupuscules violents, xénophobes, antisémites, antimusulmans, homophobes, groupuscules qui en exaltant un passé où la France se reniait, où la France n'était plus elle-même et salissait notre idéal, salissaient nos valeurs et n'avaient plus de place dans la République. C'est nous qui l'avons fait, c'est ce gouvernement qui l'a fait et cela mérite encore une fois d'être souligné ! Quand on dissout l'Œuvre française et on se demande pourquoi cela n'a pas été fait avant, on dissout la matrice même de ce qui a fait l'extrême droite au cours de ces trente dernières années. [...] Et nous continuerons ainsi car il n'y a aucune fai-

Avec l'affaire Dieudonné, Manuel Valls met en place les principes d'une quasi-dictature

« C'est la revanche de Dreyfus » s'exclama le germanophobe Charles Maurras, le 28 janvier 1945, lorsqu'il fut condamné (en moins de trois jours) à la réclusion à perpétuité et à la dégradation nationale par la Cour de Justice du Rhône. Le 9 janvier 2014, après que Manuel Valls avait fait appel en référé en début d'après-midi du jugement du tribunal administratif de Nantes autorisant le spectacle humoristique de Dieudonné M'Bala M'Bala, un unique juge du Conseil d'État, Bernard Stirn, dont les médias rappelèrent qu'il était un arrière-petit-neveu du capitaine Dreyfus, par ailleurs président de sa section du contentieux, annulait en moins d'une heure (un cas unique dans l'histoire de la République) ce jugement et interdisait ledit spectacle.

Un renversement complet de jurisprudence qui recrée la censure *a priori*. Une défaite pour la liberté d'expression et un recul des libertés noté par tous les juristes. Contestable sur le fond, cette décision est unique : prise en procédure d'urgence accélérée par un juge unique en une heure. Comme l'a écrit par exemple Serge Sur, professeur émérite de droit public à l'université Panthéon-Assas : « Le 10 janvier 2014 (est) un jour de deuil pour la liberté (avec) une ordonnance désinvolte et presque insolente. » Ironie de l'histoire, l'auteur de cet arrêt essentiel est Bernard Stirn, arrière-petit-neveu du capitaine Alfred Dreyfus. Même le socialiste Jack Lang, quand même professeur de droit, écrira (10 janvier) : « L'interdiction du spectacle de Dieudonné porte en germe de graves risques pour la liberté d'expression. » Pierre Tartakowsky, président de la Ligue des droits de l'homme (soutenu par l'ancien président de la LDH, Me Henri Leclerc), condamnera cette décision : « Le juge n'a pas fait prévaloir la liberté d'expression sur l'interdit et c'est une décision qui est lourde de périls [...] Un (nouveau) cadre juridique lourd de conséquences pour la liberté d'expression [...] Surpris que le Conseil d'État puisse se réunir en moins de trois heures et prendre une décision sur quelque chose d'aussi important. » Il faut rappeler que la Ligue des droits de l'Homme est le lobby créé par les intellectuels à l'époque de l'affaire Dreyfus,

Mais, la phrase finale, c'est Manuel Valls qui l'aura : « La République a gagné. » En ce 10 janvier, c'en était donc fait de la liberté d'expression. Désormais, on pouvait « encadrer », voire interdire *a priori* cette liberté,

suite p.85 >

blesse à avoir à l'égard des ennemis de la République. Et ce combat, il va continuer ! Quand un journaliste, Frédéric Haziza se voit insulté, calomnié, sali sur Internet, par ce monsieur Soral notamment qui a inspiré l'extrême droite qui trouve de bien curieuses liaisons avec d'autres, je pense à Dieudonné, cela veut bien dire que le combat n'est pas terminé et que nous allons le poursuivre parce qu'il en va de la République, de la liberté de la presse et de la démocratie. »

Dès lors, il œuvrera contre Dieudonné, un « personnage nauséabond ». Le dossier sera confié à son directeur de cabinet adjoint, Thomas Andrieu (cf. précédemment), chargé des cultes et des libertés des cultes, issu lui-même du Conseil d'État. Ce membre du Siècle est marié à une inspectrice des Finances, Marguerite Bérard, petite fille d'un « artisan juif ukrainien, fabricant de bracelets-montres à Belleville […] et d'une secrétaire dans une organisation israélite » (*Le Figaro* du 20 juillet 1998).

C'est à la demande du Conseil représentatif des institutions juives de France (CRIF) que Manuel Valls est parti en croisade contre l'humoriste Dieudonné M'Bala M'Bala et le sociologue ex-communiste Alain Soral. Ici, Manuel Valls avec une délégation du CRIF le 7 octobre 2012. On reconnaît Roger Cukierman et Meyer Habib.

> *suite de la p.83*

en rétablissant la censure préalable, disparue depuis le XIXe siècle : « Le Conseil d'État a été confronté à une situation inédite d'articulation entre la liberté d'expression et ses limites nécessaires dans une société démocratique. » Dixit Jean-Marc Sauvé, vice-président du Conseil d'État (*Le Monde*, 13 janvier 2014). Adhérent dans sa jeunesse du Groupe d'information et de soutien aux travailleurs immigrés, ce membre du Siècle fut l'artisan de la mise en œuvre de la loi liberticide Fabius-Gayssot comme directeur des libertés publiques sous Pierre Joxe (1988-1994).

- « Il y a un principe jusqu'alors intangible : la liberté d'expression. Elle est inscrite dans l'article 11 de la déclaration des droits de l'Homme de 1789. » Cet article 11 est ainsi rédigé : « La libre communication des pensées et des opinions est un des droits les plus précieux de l'Homme : tout Citoyen peut donc parler, écrire, imprimer librement, sauf à répondre de l'abus de cette liberté dans les cas déterminés par la Loi. » Appliquée depuis plus de deux siècles, la dernière partie est aussi essentielle que le début : « Sauf à répondre… » Ce qui signifie en clair : liberté d'expression avant tout, et après, le cas échéant, poursuites, plaintes et décisions de justice. Comme l'a déclaré sur *RTL* le président d'honneur de la Ligue des droits de l'homme Henri Leclerc : « On ne peut pas censurer à l'avance […] On réprime, on ne censure pas à l'avance. »

- La procédure utilisée était rarissime, un référé-liberté où le Conseil d'État dispose de quarante-huit heures pour statuer exclusivement lorsqu'il y a « atteinte grave et manifestement illégale à une liberté fondamentale » (dixit Jean-Marc Sauvé, vice-président du Conseil d'État, le président en étant François Hollande). C'est Thomas Andrieu, directeur de cabinet adjoint de Manuel Valls et membre du Conseil d'État, qui a « piloté le dossier » (*Mediapart*, 13 janvier 2014) pour le ministre de l'Intérieur. Saisi en début d'après-midi, le Conseil d'État, en l'absence de l'avocat de Dieudonné M'Bala M'Bala, s'est aussitôt réuni, a entendu l'avocat du ministre de l'Intérieur, et Bernard Stirn s'est décidé en moins d'une heure. Il est donc plausible de se demander s'il avait été rédigé auparavant. Le CE s'est fondé grotesquement sur l'arrêt Benjamin qui n'a pas moins de 81 ans (il s'agissait en l'occurrence d'une conférence littéraire de l'écrivain maurrassien René Benjamin sur Georges Courteline et Sacha Guitry), arrêt considéré jusque-là comme très libéral, et sur un arrêt datant de 18 ans (le « jeter de nain », considéré comme une « atteinte à la dignité humaine »).

suite p.87 >

Après la diffusion d'images volées du spectacle de Dieudonné sur *BFM TV* (13 décembre) puis sur *France 2* (*Complément d'enquête*, 19 décembre 2013), dans lesquels l'humoriste répondait au journaliste de *France Inter* Patrick Cohen qui l'avait qualifié de « cerveau malade » (*France 5*, 12 mars 2013), Manuel Valls fait savoir par un communiqué (27 décembre 2013) : « Dans ces conditions, le ministre de l'Intérieur a décidé d'étudier de manière approfondie toutes les voies juridiques permettant d'interdire des réunions publiques qui n'appartiennent plus à la dimension créative mais contribuent, à chaque nouvelle représentation, à accroître les risques de troubles à l'ordre public. »

Juste avant, le président du Conseil représentatif des institutions juives de France (CRIF) Roger Cukierman avait qualifié la « quenelle » (bras d'honneur) de « salut nazi inversé ». Comme si le salut nazi était une quenelle inversée… François Hollande avait condamné « le sarcasme de ceux qui se prétendent humoristes et qui ne sont que des antisémites patentés » lors de l'anniversaire du CRIF célébré en grande pompe à l'Élysée le 16 décembre 2013. Alors qu'au début du mois de janvier 2014, l'humoriste à succès s'apprêtait à partir en tournée dans toute la France, Manuel Valls transmet une circulaire aux préfets le 6 janvier 2014 (annexe 5). Comme la liberté d'expression a une valeur constitutionnelle, Manuel Valls ne peut décréter au niveau national une interdiction générale du spectacle. Il en appelle donc aux maires et aux préfets dans le cadre d'un « risque de trouble à l'ordre public » et de « l'atteinte à la dignité de la personne humaine ».

Ce qui débouchera sur la journée rocambolesque du 9 janvier 2014 où le Conseil d'État, sur convocation express, annulera une représentation de l'humoriste à Nantes, représentation que le tribunal administratif de Nantes avait autorisée quelques heures auparavant. Comme le reconnaît Jean-Jacques Urvoas, président de la commission des lois à l'Assemblée nationale : « L'analyse de Valls, c'est de dire que le droit ne suffit pas et qu'il faut créer les conditions d'une inversion de la jurisprudence, donc engager une bataille dans l'opinion. » Et Manuel Valls d'ajouter : « Tout le monde sait que ce geste dit de la quenelle est un geste antisémite, tout le monde sait qu'il ne s'agit pas de spectacles d'un humoriste mais de meetings politiques qui diffusent la haine […] La démocratie française saura venir à bout, tôt ou tard des petits entrepreneurs de la haine (*Le Monde* du 10 janvier 2014). »

> *suite de la p.85*

- Comme a quand même dû le reconnaître Jean-Marc Sauvé (*Le Monde*, 13 janvier 2014), « le CE n'a jamais été confronté à des dossiers dont les caractéristiques étaient analogues à celles du spectacle qui a justifié les mesures d'interdiction. (La « cohésion nationale » visée par la première ordonnance) fait écho aux valeurs et principes essentiels de notre société, sans lesquels le lien social serait rompu. » Or, cet arrêt a été pris en moins d'une heure. « L'émotion, la colère [...] ont fait vaciller les meilleurs esprits » indique Jack Lang, ancien professeur de droit (*Jack Lang : « La Décision du Conseil d'État est une profonde régression »*, *Le Monde*, 13 janvier 2014). «Sous prétexte que les autorités judiciaires n'étaient pas parvenues à faire rendre gorge à Dieudonné, on a voulu donner à la police administrative un pouvoir de répression morale et pénale qu'elle ne détient pas [...] Le CE [...] ne peut interdire une manifestation, un spectacle ou une œuvre qu'en raison d'un trouble matériel à l'ordre public [...] Honnêtement, je ne crois pas que l'ordre public était menacé par le spectacle de Dieudonné [...] Plus grave encore, en évoquant l'atteinte à la dignité humaine, (le CE) a fragilisé sa décision en mettant en balance la liberté d'expression avec un autre principe, le respect de la dignité de la personne humaine, qui peut faire penser que, désormais, un ordre public moral s'ajoute à l'ordre public matériel. L'atteinte à l'ordre public, c'est quelque chose de matériel, on est sur un terrain balisé. L'atteinte à la dignité humaine, c'est une notion beaucoup plus floue. On navigue ici dans des eaux plus incertaines où s'entremêlent des considérations philosophiques et politiques beaucoup plus que juridiques. » Le seul exemple connu était l'interdiction en 2007 des « soupes aux cochons », où le CE avait prudemment justifié leur interdiction non par une atteinte à la dignité humaine mais par « les risques de réactions à ce qui est conçu comme une démonstration susceptible de porter atteinte à la dignité des personnes privées de secours ».

- Le CE va encore plus loin en mettant également en cause la « cohésion nationale ». C'est ce qu'a parfaitement perçu la Ligue des droits de l'Homme (cf. citation en début de portrait), créée lors de l'affaire Dreyfus, et de nombreux juristes.

Comme l'indique Serge Slama à *Mediapart* : « Évoquer la dignité de la personne humaine et la cohésion nationale pour empêcher l'exercice des libertés, c'est vraiment un terrain très glissant et un affaiblissement de l'État de droit. » Idem pour le célèbre blogueur Me Eolas, « Le CE

suite p.89 >

En réalité l'arrêt du Conseil d'État prononcé par Bernard Stirn rétablit la censure préalabale, embryon d'une dictature (cf. encadré).

Manuel Valls raconte volontiers que son modèle est Georges Clémenceau, dont il a accroché le portrait dans son bureau. Il voue un véritable culte au franc-maçon radical-socialiste, anticlérical qui déclarait : « Depuis la Révolution française, nous sommes en révolte contre l'autorité divine… ». Mais le ministre devrait relire, à la lumière de l'arrêt Stirn/Dieudonné, *Au pied du Sinaï*, écrit par Georges Clémenceau en 1898. Le Juif traditionnel y est décrit comme « crasseux » à trois reprises (p. 72, 84, 91), comme l'incarnation du « pharisaïsme odieux à Jésus » (p. 65), habité par le « fanatisme talmudique » (p. 30).

Toujours dans le cadre de « la défense de la liberté d'expression », Manuel Valls a obtenu par la suite, une collaboration de *Twitter* avec les autorités françaises en matière de surveillance : « *Twitter* s'engage à procéder au gel des données d'enquête sur simple courriel, sans aviser les utilisateurs si les enquêteurs demandent expressément à ce que ces mesures restent confidentielles » expliquera Manuel Valls (rapporté par *Quake* du 25 janvier 2014).

Il parlera encore de Dieudonné lors de ses vœux aux francs-maçons le 30 janvier 2014 (*L'Expres*s du 31 janvier 2014).

> *suite de la p.87*

admet que si un ministre de l'Intérieur estime que ce que vous allez dire va porter atteinte à la dignité de la personne humaine, il peut vous interdire de le dire. Nous sommes maintenant dans un régime préventif de la liberté d'expression. » Même son de cloche d'Evelyne Sire-Marin, vice-présidente du TGI de Paris et membre de la LDH : « Il s'agit d'une virtualité : délinquant un jour, délinquant toujours, dit le CE, dans une conception terriblement mécanique de la récidive. »

Serge Sur, professeur émérite de droit public à l'université Panthéon-Assas, a excellemment résumé ce processus dans son texte diffusé sur Internet (notamment le site *liberté, libertés chéries*), *10 janvier 2014 : Jour de deuil pour la liberté* (les coupes trop nombreuses ne sont pas indiquées) : « On (vient) de bouleverser le droit des libertés publiques. On brandit (cet arrêt) comme un trophée (alors que c'est) la censure qui lui est imposée. Bouleversement, c'est le mot, et bouleversement

suite p.89 >

> *suite de la p.88*

réalisé dans des conditions de désinvolture et presque d'insolence qui laissent pantois. Le CE renverse les principes de liberté de réunion tels que consacrés par sa propre jurisprudence, l'une des libertés cardinales qui inclut le droit des spectacles. Il rétablit la censure, que l'on croyait abolie. Il crée une instabilité juridique inquiétante pour les libertés et affaiblit du même coup l'autorité judiciaire, déjà bien mal en point. L'ordonnance (Stirn) ne méconnaît-elle pas gravement la Déclaration des droits de l'Homme, composante du Préambule de la Constitution? Le juge unique (Stirn) ne s'inquiète pas pour si peu, puisqu'il crée le droit. La deuxième considération est une appréciation particulièrement désinvolte des faits, tels que les mentionne le 6e considérant de l'ordonnance. Nul élément précis, une simple référence aux « *pièces du dossier* », et même le rejet sans autre des « *allégations* » des avocats de Dieudonné, selon lesquels les propos litigieux ne seraient pas repris lors du spectacle en cause. Impression plus présomption tiennent lieu d'argumentation.

Le juge unique confirme ainsi la thèse de doctorat de Lew Goldenberg, devenu Léo Hamon, qui soutenait en 1932 que le Conseil d'État, juge du fait, se conduisait plus comme un administrateur que comme un juge. On n'est plus en présence d'une motivation mais d'une exécution. La troisième considération est la plus redoutable et celle qui devrait susciter, outre l'inquiétude, l'indignation de tous les esprits attachés aux libertés publiques. Elle est, sauf erreur, tout à fait nouvelle et comporte en germe une révolution dans leur régime, avec le rétablissement de la censure. Elle figure également dans le 6e considérant, avec une phrase qui, nouvelle insolence, suit le rappel de la Déclaration des droits de l'Homme: …« *il appartient en outre à l'autorité administrative de prendre les mesures de nature à éviter que des infractions pénales soient commises* ». Et voilà, au détour d'une phrase, la censure réintroduite en droit public. On salue les principes de la République au moment même où on les détruit. La Déclaration, qui est certes antérieure à la République, dit exactement le contraire. Elle rappelle la présomption d'innocence. Et l'infraction pénale, en droit commun, ne saurait être constituée que par un commencement d'exécution. Elle ne saurait donc être ni présumée ni anticipée par un procès d'intention. Pour conclure, on peut citer un autre imprécateur que Dieudonné, flottant lui aussi entre comique et politique, Coluche, qui constatait en substance: il est bien gentil, le président de la République, « il nous laisse nos libertés – parce que s'il les supprimait, personne ne protesterait ».

ASSEMBLEE NATIONALE

PALESTINE (Groupe d'études à vocation internationale sur les territoires autonomes palestiniens)

PRÉSIDENT :

M. Jean Bardet - (UMP) - Val-d'Oise - 3

VICE-PRÉSIDENTS :

M. Daniel Garrigue - (UMP) - Dordogne - 2
M. Jean-Claude Lefort - (CR) - Val-de-Marne- 10
M. Maurice Leroy - , (UDF) - Loir-et-Cher - 3
M. Didier Mathus - , (SOC) - Saône-et-Loire- 4
M. Jean-Marc Nesme - (UMP) - Saône-et-Loire - 2
M. Jean-Luc Reitzer - (UMP) - Haut-Rhin - 3
M. Manuel Valls - , (SOC) - Essonne - 1

De 2002 à 2007, Manuel Valls était vice-président du Groupe d'études à vocation internationale sur les territoires autonomes palestiniens. Un signe évident de son engagement dans le combat pro-palestinien. Depuis que Manuel Valls a multiplié les déclarations d'allégeance, le CRIF a soigneusement fait silence sur ses engagements passés et pratiquement tous les documents ont disparu.

ANNEXE 1

Les Valls,
descendants de marranes des Baléares ?

Il y avait quinze patronymes très courants chez les « chuetas » : Aguilo, Arbona, Bonin, Cortès, Forteza, Fuster, Marti, Miro, Pino, Pomaro, Segura, Tarengi, Valenti, Vallemora et… Valls. Les « chuetas », ou « Xuetas », sont des marranes des Baléares. Pour être plus précis, il existait des marranes au sens propre, et il existe – toujours aujourd'hui, quoique très altérée et en voie de disparition, de dilution, une secte judéochrétienne, à tendance gnostique, de ces Juifs qui considèrent Jésus comme un prophète et revendiquent d'être la véritable « Iglesia de los pobres ». Certains revendiquent même de descendre de Jésus et de Marie-Madeleine… Il s'agit d'un rare exemple de persistance jusqu'à nos jours d'une communauté de descendants de juifs convertis de force au catholicisme en 1435, mais restructurés à partir d'autres croyances, les « Chuetas », qui se considèrent comme des « Juifs malgré eux ».

Comme l'indique le site communautaire *sefarad.org* (enquête de Jean-Marc Thorbois), « à l'inverse des Marranes du Portugal, ils n'ont gardé aucune tradition abâtardie du judaïsme de leurs pères si ce n'est qu'ils pratiquaient jusqu'à il y a peu d'étranges coutumes qu'eux-mêmes étaient incapables d'expliquer et qui se transmettaient de génération en génération sans explication aucune. On peut donc parler à leur endroit de « crypto-juifs » (juifs cachés). Juifs, les Chuetas ont cessé de l'être depuis 1691, date des derniers autodafés (actes de foi : cérémonies religieuses solennelles au terme desquelles les condamnés étaient « relaxés au bras séculier » pour être brûlés vifs).

Le mot « Chuetas » est une injure. En vieux Majorcan cela signifie « porc ». C'est le nom donné aux descendants des quinze condamnés du dernier autodafé de 1691. Pour le malheur de leurs descendants, le hasard voulut que le Sambenito, vêtement d'infamie que tout condamné portait lors de la cérémonie de l'autodafé, que ces quinze malheureux avaient porté lors de cette procession, fût accroché avec leur nom dans le cloître d'une des églises de la ville, Santo Domingo. Bien que les Sambenitos aient été détruits en 1813, jusque vers 1970, tous les Majorcans qui portaient un de ces quinze noms étaient appelés « Chuetas » et subissaient un traitement spécial. L'un de ceux qui a contribué à cette transmission de la haine de génération en génération est le père Garau, un des inquisiteurs des autodafés de 1691, qui avait donné une relation tendancieuse de ce qu'il appelait « la grande conspiration » dans un livre qui porte le titre provocateur de *La Fe triumfante* (La Foi triomphante). Ce livre fut pendant plusieurs générations le best-seller de Majorque et connut plusieurs rééditions qui contribuèrent à perpétuer de génération en génération l'anti-« chuetisme ».

Il existe donc à Majorque un antisémitisme très particulier qui ne s'exerce pas contre les Juifs venus de l'extérieur et authentiquement juifs – comme les Juifs ashkénazes qui s'établirent dans l'île ces dernières décennies – mais uniquement à l'encontre des descendants de quinze familles de crypto-juifs qui au XVIIe siècle tentèrent vainement de revenir au judaïsme, descendants qui aujourd'hui ne sont plus juifs en rien et qui ne veulent pas l'être ! À l'heure actuelle, il y aurait à Majorque environ 300 familles de « Chuetas » et il fallut attendre l'expansion touristique des années 60-70 pour que prenne fin l'anti-chuetisme. Ce sentiment avait été un moyen de contrôle social lié à la fameuse « pureté de sang » dont se targuaient les nobles espagnols. Cet ostracisme qui durant des siècles frappa les « Chuetas » considérés dans l'île comme de véritables parias, relégués dans une sorte de ghetto, la « Call » de Palma, condamnés à l'endogamie (mariage entre cousins) et soumis à mille vexations, a permis à cette étonnante communauté de subsister jusqu'à nos jours. Bien que bons catholiques, les Chuetas n'avaient pas le droit d'étudier dans les séminaires et donc de devenir prêtres et quand enfin cette interdiction fut levée, ces prêtres au sang impur dont les ancêtres « avaient tué le Christ » étaient interdits de prédication dans la cathédrale de Palma et dans d'autres églises de la ville ! En 1936, un rabbin érudit américain, Baruch Braunstein, entreprit des recherches sur les Juifs de Majorque et découvrit dans les archives de l'Inquisition à Madrid le double des listes de tous les Juifs de Majorque inquiétés par l'Inquisition. Ce livre fut traduit plus tard en espagnol et en catalan et publié à Majorque où il fit l'effet d'une bombe : 120 autres noms étaient ajoutés à la liste des quinze Chuetas : notamment ceux des familles majorquines qui durant des siècles avaient pris grand soin de camoufler leurs origines juives en faisant disparaître jusqu'aux archives de l'Inquisition qui auraient porté atteinte à la « pureté de leur sang ». Il n'y avait dès lors pour ainsi dire plus aucune famille de l'île qui pouvait se prétendre « pure » de tout sang juif ! La publication de ce livre en 1965 porta un coup décisif à l'anti-chuetisme dont l'inanité apparut alors au grand jour. Sous l'influence du tourisme de masse, les esprits avaient changé ; une ère nouvelle de tolérance et de pluralisme s'ouvrait…

Un de ces chuetas a mis tout cela par écrit, en l'occurrence Cayetano Marti Valls, considéré comme le guide spirituel des derniers chuetas revendiqués, regroupés au sein de « l'église du pauvre charpentier de Nazareth, qui n'a ni prêtres, ni pasteurs, ni temple, ni rite ». Cayetano a créé cette église après une longue recherche spirituelle qui l'a amené à fréquenter de très nombreux milieux religieux, notamment les témoins de Jéhovah, les Quakers, les Baptistes, etc. À partir de ce qu'il avait reçu de ses pères et de ses propres réflexions, il a élaboré ce qu'il présente comme un retour au christianisme primitif tel que Jésus et les apôtres le pratiquaient. Cayetano rejette la pleine inspiration du Nouveau Testament, il préfère se référer à sa tradition orale et fait état d'incidents et d'anecdotes de la vie de Jésus, inconnus dans les évangiles canoniques ou apocryphes, tel celui où Jésus aide une femme à porter jusque chez elle un lourd fardeau, ou bien donne à Pierre une leçon d'humilité en lui faisant déposer un légume devant la porte de chaque maison où le propriétaire est orgueilleux, mais surtout devant sa propre maison, à lui, Pierre. « Je n'ai pas abandonné le judaïsme car Jésus ne l'a pas fait, affirme Cayetano, mais il a tenté de le nettoyer. Avec mes amis, j'ai spiritualisé les coutumes d'Israël. Le seul rite que nous ayons est la Sainte-Cène qui se célèbre en famille. Quand j'étais enfant, mes parents exigeaient que je me lave les mains avant les repas, comme on le fait parmi les juifs religieux. Je continue à exiger cela de ma petite-fille. Nous aussi, le vendredi, nous ne mangions pas de viande de porc. Avant de cuire le pain, nous avions des rites particuliers. Nous mangions des gâteaux en forme d'étoile de David ainsi que le pain tressé, la “Hala”. La soupe majorquine est un plat typiquement juif qui s'est répandu dans toute la population et dont on trouve la description dans les livres de cuisine juifs, etc. »

Certains ont même fait leur téchouvah et leur aliyah, tel Nissan Ben Avraham, installé aujourd'hui à Shilo, première capitale d'Israël du temps des Juges, aujourd'hui dans les territoires occupés de Palestine.

Il existe par ailleurs un rabbin Rafael Valls, brûlé en 1691, dont le nom a été repris par l'Instituto Rafel Valls, qui abrite le Museo de la memoria jueva et Shavei Israel. C'est là que sont conservés les principales études et documents sur les Juifs séfarades convertis de Majorque.

© DR

Manuel Valls le 12 avril 2008 avec les responsables de l'association Evry Palestine. Le député-maire d'Evry plante un olivier pour la paix et prononce un discours musclé (cf. p. 52 et 53) : « L'édification d'un mur honteux, la poursuite des colonisations, le sort des prisonniers, l'absence de dialogue, l'humiliation [...] Il est plus que jamais nécessaire de souligner l'urgence de la création d'un État, d'une patrie viable, réelle, concrète pour les Palestiniens.»

© DR

Annexe 2

Alain Bauer, Grand Maître de la franc-maçonnerie, de l'influence et de la sécurité

« Tout ce que l'ex-premier flic de France a prôné des mois durant à Beauvau est puisé dans le corpus des concepts forgés par son ami [...] Même la référence à Clémenceau, si souvent cité par Valls, se retrouve chez Bauer dès 2010. »
Le Figaro, 1er avril 2014

Alain Bauer est né le 8 mai 1962 à Paris XIIIe. Ses grands-parents passent selon lui, pour avoir fui les pogroms de l'Est (en Russie avant 1917), et ses parents sont nés « clandestinement à Lyon ». Par sa mère, Monique Eisenberg, « gérante de sociétés », il est « indiscutablement juif » (selon ses déclarations à *Libération*), tout comme par son père, « laïc pas du tout intégriste » toujours selon Bauer. Passé par les lycées Simone Weil et Louis Arago, il a plongé dès ses 15 ans, dans la politique, puisque c'est dès cette époque qu'il aurait adhéré aux Jeunesses socialistes. À propos de son passage dans le syndicalisme étudiant *Globe* de janvier 1987 classait le « colonel Bauer » dans son Top 20 du Mouvement étudiant comme « le grand négociateur du mouvement » : « Homme de dossiers, c'est déjà un notable à l'Université [...] comme vice-président étudiant de Paris I ».

Le Monde (6 décembre 1990) rappelait qu'à ce moment, celui qui dirigeait le service d'ordre des manifestations, était effectivement déjà « rangé des voitures » : « Non loin, près du Quai d'Orsay, Alain Bauer n'a pas renoncé à sa cravate et à son pardessus – une singularité à l'époque – pour tenter de maintenir la liaison avec les responsables de la police. » À la suite de son succès, il se retrouve officieusement de 1988 à 1990 au cabinet du Premier ministre Michel Rocard, dans le sillon duquel il a alors inscrit ses pas tout comme Stéphane Fouks, le « Séguéla de l'ère jospinienne » et Manuel Valls. Ce pilier de l'UNEF négociera secrètement avec le cabinet de René Monory, au moment des grandes grèves estudiantines de 1986. Considéré comme le n° 1 des négociations du « mouvement étudiant », il en tirera le surnom de « Pasqua de la Rocardie » (*Valeurs actuelles*, 12 décembre 1988). C'est lui qui coordonne le service d'ordre même si ce jeune homme pas du tout sportif (il a quand même réussi à recevoir les Anneaux d'or du comité international olympique en 1995) et en complet-veston paraît bien incapable de « tenir » une barricade. C'est lui qui provoquera largement le départ d'Alain Devaquet, ministre délégué chargé de l'enseignement supérieur, mais surtout franc-maçon chiraquien égaré dans la politique.

Son appartenance maçonnique (depuis ses 19 ans) lui a permis de disposer, encore aujourd'hui d'un « véritable réseau, multiforme, policier et en revendique davantage » (*Libération*, 9 septembre 2000). Il montera rapidement dans l'appareil, étant notamment garde des Sceaux et du Timbre lors du vénéralat de son proche ami, le responsable socialiste Philippe Guglielmi dont il était « l'éminence grise » (*Libération*, 9 septembre 2000). Dans la vie professionnelle, il travaille pour diverses sociétés, notamment le promoteur de la Défense, Christian Pellerin, avec la Sari. Il indique également avoir été conseiller à la direction du Groupe Air France, secrétaire général du World Trade Center Paris-La Défense, membre de la commission juridique internationale de la World Trade Centers Association, administrateur de Stentofon France SA et de Versant SA, président du directoire du groupe Cartes Jeunes (lié à la Mnef), membre du groupe de travail Prevention of crimes by Urban Planning du Comité européen de normalisation, etc.

En fait, c'est en 1993 qu'Alain Bauer est entré dans « la cour des grands », étant alors recruté au sein de la SAIC, un groupe spécialisé dans les hautes technologies, qui travaille en priorité pour le ministère américain de la Défense (de l'ordre de 80 %), à propos duquel il se refuse aujourd'hui à fournir tout renseignement, s'estimant soumis au devoir de réserve américain. La Science Application International Corporation, dont Alain Bauer fut le vice-président pour l'Europe, contrôle notamment Network Solutions, qui gère les noms de domaine de l'Internet. Son fondateur, J.R. Buster, docteur en physique nucléaire de renom, appartient au Bilderberg Group. La SAIC est l'un des leaders en matière de sécurité. Son chiffre d'affaires était de 5,5 milliards de dollars en 1999, avec un bénéfice de 619 millions de dollars. Employant 41 000 personnes et disposant de 350 bureaux dans le monde, elle est considérée comme l'une des « vitrines des services spéciaux », ayant notamment engagé 198 anciens colonels et généraux de 1992 à 1995. Parmi ses administrateurs ont figuré les anciens secrétaires à la Défense, William Perry et Melvin Laird, ainsi que les anciens directeurs de la CIA, John Deutch et Robert Gates. Tout cela n'est évidemment pas un hasard, comme l'indique *Le Point*: « Expliqué par Bauer, le scénario de sa carrière est toujours le même: on l'a envoyé dans un endroit, il a vu de la lumière (sic), on lui a demandé s'il parlait anglais, il s'est retrouvé à des postes sensibles. »

À son retour il participe à la création de l'Institut des Hautes Études de la Sécurité Intérieure (voulu par le ministre PS de l'Intérieur, Pierre Joxe, pour faire pendant à l'Institut des hautes études de défense nationale), où il continue à donner régulièrement des cours. Cet intérêt pour les questions de sécurité le conduisit à être considéré comme le véritable « M. Sécurité » du Parti socialiste, même s'il n'en eut jamais le titre, rédigeant divers rapports (comme Violences et insécurité urbaines). C'est finalement en 1994 qu'il crée sa propre société sur les questions de prévention et de sécurité, AB (pour Alain Bauer) Associates, où il fait du conseil, notamment les contrats de prévention des municipalités. Ce cabinet au capital de 250 000 F spécialisé dans la sûreté urbaine, domaine où il figure comme leader en France, a pour actionnaires, selon *En toute sécurité*, notamment le Crédit Agricole.

Ses administrateurs, outre Alain Bauer, sont Jeanne Poupardin (née le 9 mars 1933 à Cerdon du Loiret), Patrick Grumelart (au titre de la Société de capital développement d'Ile-de-France, administrateur d'une dizaine de sociétés, ancien directeur de la Banque Rivaud, ex-administrateur directeur général de *La Vie française*, ancien propriétaire d'Héliogravure de France), Jean-René Jalenque (né le 19 janvier 1961 à Paris XIIe), Hasni (dit Yannick) Benfriha (né le 18 avril 1961 à Oran – Algérie), au titre de la société Versani, Jean-Louis Riallin (né le 9 novembre 1937 à Paris XVe). À noter que ce dernier est administrateur de Versant S.A., société spécialisée dans le levage et le nettoyage d'immeubles (qui appartient au Groupe Versant, actionnaire d'autres sociétés, toutes installées dans les Hauts-de-Seine), tout comme Alain Bauer (qui fut également administrateur de la société Stentofen, en 1995). Un marché lucratif, puisque AB Associates qui revendique un ou deux salariés selon les années (dont sans doute Alain Bauer en personne), avait réalisé en 1999, un chiffre d'affaires de 4,1 millions de F avec un bénéfice net de 132 000 F, 1 million d'euros de résultat net pour 4 millions de chiffre d'affaires en 2009 (voir aussi *Le Petit négoce de la sécurité d'Alain Bauer*, *Le Monde*, 28 mars 2008). Son ami Emile Perez dit du même : « Il a fait de la sécurité de quoi vivre et manger, et il mange beaucoup. » D'autant que l'essentiel des contrats n'aboutit pas à un travail de terrain, mais se réduit à des conseils. Parmi les sociétés ou villes indiquées, en référence sur le site d'Alain Bauer figurent des villes aussi bien de droite que de gauche comme Puteaux, Lille, Tourcoing, Vitrolles ayant toutefois disparu (« il ne la cite plus comme s'il craignait de dire que les édiles du FN qui ont pris la suite n'ont rien trouvé à redire à ses posologies policières », indique *Libération*), mais aussi le Carrousel du Louvre, la Mnef, la RATP, LVMH, l'Unedic, etc.

Il est également chargé de cours à l'Institut de criminologie de Paris II-Panthéon-Assas, enseignant à l'Institut d'études politiques de Paris, à l'IHESI (pour le DESS d'ingénierie de sécurité) dont il est secrétaire général depuis 2003-2004 (rebaptisé depuis Institut national des hautes études de sécurité), au CNPP (formation qualifiante sûreté urbaine), à Paris V-Sorbonne, à l'IF-MO, au Center of Terrorism du John Jay College of Criminal Justice de New York, à l'académie de police criminelle de Chine, à l'université de droit de Pékin etc. Il est également secrétaire général de l'Institut Alfred Fournier et de l'Institut européen des sciences du religieux (IESR). Il est ou a été administrateur de l'Institut de relations internationales et stratégiques (IRIS) et de la Fédération des professionnels de l'intelligence économique (FEPIE). Il a ou a été consultant en matière de sécurité et de terrorisme pour des groupes de travail mis en place par des gouvernements et organisations françaises ou étrangères comme le Prevention of Crime by Urban Planning du Comité européen de normalisation, la Commission nationale consultative des droits de l'homme, le conseil du New York Police Department (NYPD), pour lequel il a réalisé une étude sur la « menace islamiste », le conseil du Los Angeles Sheriff Department (LASD), la Sûreté du Québec (SQ) le Conseil d'orientation de l'observatoire national de la délinquance, le collège de la Haute autorité de lutte contre les discriminations et pour l'égalité (HALDE), la Commission de contrôle des fichiers de police, la Commission nationale de vidéosurveillance, la Mission de sécurité stratégique, etc.

À gauche, il a été l'un des premiers à s'intéresser aux questions de sécurité urbaine et de délinquance des « jeunes », évoquant très tôt la division des tâches entre police publique et sociétés privées de sécurité. Il fut sans doute le premier à reconnaître, au Parti socialiste, la nécessité de donner une place aux sociétés de sécurité privées, tout en renforçant les contrôles pour les moraliser. Représentant officieux de la profession auprès du pouvoir jospiniste, d'autant plus facilement que dans ce secteur, généralement orienté à droite, il a joué un rôle dans l'élaboration du projet de loi sur la sécurité privée examiné en conseil des ministres en mai 2000.

Alain Bauer est élu le 8 septembre 2000, plus jeune Grand Maître du Grand Orient de France, bénéficiant d'un véritable plébiscite (32 voix sur 35) des membres du Conseil de l'Ordre, à la suite du désistement de son concurrent Jacques Oréfice. Il quittera son poste en 2003, après s'être employé à redonner un certain lustre et une certaine influence à son obédience, bien endormie (et surtout à terminer de monter ses réseaux). Ayant l'oreille de Jacques Chirac, il obtint, sans grandes difficultés, que ce dernier s'oppose vivement à toute référence à l'« héritage chrétien de l'Europe » dans la future Constitution européenne : « J'ai évoqué les lois sur la bioéthique. Les gens de Matignon et de la Commission des Lois ont reconnu que lors de la révision de cette loi, ils ont modifié leur point de vue après les auditions des représentants des francs-maçons. Nous avons œuvré à faire reconnaître la liberté absolue de la recherche scientifique, contre les interdits moraux. Si dans les textes sur l'Europe, il n'est plus question d'introduire la notion « d'héritage culturel chrétien », ce n'est pas par hasard. Les francs-maçons font ce qu'ils ont à faire [...] Nous nous prononçons en faveur de l'admission de la Turquie, qui pour nous fait partie de l'Europe depuis toujours [...] Chirac est plutôt philomaçon [...] avec toutes les contradictions de l'individu. Mais, en ce qui nous concerne, sur les valeurs essentielles, Chirac n'a jamais manqué (*Le Nouvel Observateur*, 12 décembre 2002). »

Depuis octobre 2002, il préside l'Ordre Maçonnique De La Fayette lancé par neuf obédiences adogmatiques françaises. Cet ordre comprend deux grades (chevalier et Grand Croix). Il a été l'unique personnalité à signer (en qualité de Grand Maître) une tribune libre intitulée *Peut-on aimer Le Monde ?* (1er mars 2003) où il défendait vivement la direction du *Monde* et critiquait vertement l'ouvrage corrosif de Pierre Péan et Philippe Cohen, *La Face cachée du Monde*. Ce qui suscita de vifs remous dans l'obédience qui ne l'avait nullement mandaté pour cela. Il est depuis 2003 Chancelier de l'International Masonic Institute.

Il a signé de très nombreux ouvrages consacrés à la Franc-maçonnerie et à la criminalité, ses deux thèmes de prédilection. Il a beaucoup publié aux Presses universitaires de France, notamment dans la collection *Que sais-je ?* (comme *Violence et insécurité urbaine*, qu'il a cosigné, en 1998, avec Xavier Raufer). Il a publié avec ce dernier de nombreux articles, comme dans *Le Figaro* ou dans *Le Figaro Magazine*. Certains ont reproché à Alain Bauer de flirter de trop près avec les thèses sécuritaires réactionnaires, selon lesquelles « au-delà de toutes les théories d'inspiration sociologique, l'origine la plus certaine du crime, c'est le criminel lui-même », selon la formule de William Bratton (cf. *Expertise ou supercherie sur les violences urbaines* de Laurent Mucchielli, chercheur au CNRS, qui analyse en détail le *Que sais-je ?* ainsi que Loïc Waquant, *Les Prisons de la misère, Raisons d'Agir*, pp. 47 à 55). Il faut dire que ses écrits sur la sécurité, sans doute jamais lus par les membres du GODF, ne sont pas vraiment du genre laxiste et ne dépareraient pas dans les bibliothèques de tout homme de droite conséquent.

Alain Bauer a donc cosigné une trentaine de livres dont *Amérique, la violence, le crime : la réalité et les mythes* (avec Emile Perez, 2000), *Grand O* (2002), *Le Grand Orient de France* (avec Edouard Boeglin, 2002), *Aux sources de la franc-maçonnerie*, *La Guerre ne fait que commercer : réseaux, financements, armements, attentats... les scénarios de demain* (avec Xavier Raufer, 2003), *Les Polices aux États-Unis* (avec Emile Perez, 2003), *Les Questions à l'étude des loges dans les obédiences maçonniques françaises* (avec Jean-Claude Rochigneux, 2003), *Images du patrimoine maçonnique* (2003), *Aux origines de la Franc-maçonnerie : Isaac Newton et les newtoniens* (2003), *Les Francs-Maçons* (avec Roger Dachez, 2003), *Les plus belles pages de la Franc-Maçonnerie Française* (2003), *Deux siècles de rite écossais ancien accepté en France* (avec Jean Baubérot, Bernard Moisy et Alain de Keghel, 2004), *Deux siècles de débats républicains* (2004), *L'Énigme Al Qaïda* (avec Xavier Raufer, 2005), *Le Crépuscule des Frères* (2005), *La Grande Loge nationale française* (2005), *Mercenaires et polices privées* (avec Olivier Hubac, Jean Meyer et Yves Michaud, 2006), *Géographie de la France criminelle* (avec Stéphane Quere et Jean-Luc Besson, 2006), *Pour retrouver la parole : Le retour des Frères* (avec Roger Dachez, Bruno Etienne et Michel Maffesoli, 2006), *Histoire de la Franc-maçonnerie française* (2006), *Mieux contrôler les fichiers de police* (Rapport officiel, La Documentation Française, 2006), *Dictionnaire de la Franc-maçonnerie* (2006), *Le nouveau chaos mondial* (avec Xavier Raufer, 2007), *Les 100 mots de la Franc-maçonnerie* (avec Roger Dachez, 2007), *Les mystères de Channel Row* (avec Roger Dachez, 2007), *Vidéoprotection et vidéosurveillance* (avec François Freynet, 2008), *La criminalité en France* (avec Cyril Rizk, Christophe Soullez et Pierre Monzani, Rapport de l'Observatoire National de la Délinquance, 2008), *Les 100 Mots du Crime* (avec Emile Perez, 2008), *Études de sécurité publique* (avec François Freynet, 2008), *Pour une stratégie globale de sécurité nationale* (avec Nicolas Arpagian et Eric Delbecque, 2008), *Le Convent du sang* (avec Roger Dachez, 2009), *Les terroristes disent toujours ce qu'ils vont faire* (avec François-Bernard Huyghe, 2010), *Dictionnaire amoureux de la franc-maçonnerie* (2010), *Le Rite Français* (2011), *Dictionnaire amoureux du crime* (2013), *Les promesses de l'aube* (avec Michel Barat et Roger Dachez, 2013), *Dernières nouvelles du crime* (2013). Cette « fine gueule » a par ailleurs été pendant vingt ans inspecteur pour le *Guide Champérard* qu'il a ensuite racheté, pour en devenir copropriétaire et directeur.

Bien qu'issu de la gauche militante, Alain Bauer est surtout devenu l'une des personnalités les plus en vue des réseaux sarközystes. Dès 2003, Nicolas Sarközy, alors ministre de l'Intérieur et patron de l'UMP, nomme ce « maître de l'influence (*L'Express*, 26 janvier 2011) » président de l'Observatoire national de la délinquance et des réponses pénales après que Bauer l'eut averti que son nom figurait sur les fameux listings de l'affaire Clearstream. Il le présidera jusqu'en 2013. Comme le déclare Jean-Marc Berlioz, conseiller sécurité de Claude Guéant (*L'Express*, 26 janvier 2011) : « Alain est un centre nodal, à l'interface de multiples réseaux – amical, maçonnique, policier, universitaire – qui décortique, analyse et valorise les informations collectées. » Pendant la campagne présidentielle de 2007, il a aidé le candidat à préparer ses émissions de télévision sur les questions de délinquance, de sécurité, de banlieues et de justice. Il a même organisé en son honneur un dîner réunissant les francs-maçons de la fraternelle huppée Dialogue et Démocratie française. Devenu président de la République, Nicolas Sarközy le place à tête de la Commission nationale de vidéosurveillance. Envisageant de créer un Conseil national de sécurité sur le modèle de la National Security Agency américaine (NSA), le même bénéficie d'un rapport très remarqué sur le sujet, co-signé par Alain Bauer et Michel Rocard dans la *Revue de la Défense nationale* d'octobre 2007. Placée directement sous l'autorité du chef de l'État et regroupant plusieurs organismes de recherche stratégique (IHEDN, INHES, IERSE, CHEAR), cette structure initiée à l'origine par le très atlantiste député UMP Pierre Lellouche permettait au pouvoir présidentiel de contrôler tous les instruments d'analyse et de renseignement du pays. Même si le projet ne se réalisa pas, la structure actuelle s'inspire de cette logique. Alain Bauer a aussi été l'un des conseillers officieux de la Direction centrale du renseignement intérieur (DCRI) nouvellement créée, intervenant en matière de lutte anti-terroriste où il s'est notamment illustré dans l'affaire Julien Coupat, emprisonné et stigmatisé sous le terme de « terroriste d'ultra-gauche » par la ministre de l'Intérieur, Michèle Alliot-Marie.

Dans les réseaux maçonniques certains l'accusent aussi, à la suite de ses propositions visant à faire évoluer le Grand Orient de France, d'essayer de s'imposer comme « grand vizir » des francs-maçons pour le compte de Nicolas Sarközy. Quand Valérie Pécresse, ministre de l'Enseignement supérieur, a créé au Conservatoire national des arts et métiers une chaire de criminologie, elle a été immédiatement attribuée à Bauer (2009). Il a également présidé la mission de préfiguration du Conseil national des activités privées de sécurité (2011) et a coprésidé la mission sur le livre blanc de la sécurité publique (2010-2011). Il est également vice-président de Francopol (depuis 2009) et du comité d'honneur de la Licra.

Les Amis du *Crif*

Association des Amis du Conseil Représentatif des Institutions Juives de France

Paris, le 2 janvier 2014

Chers amis,

J'ai le plaisir de vous inviter à une rencontre exceptionnelle avec

Alain Bauer

Professeur en Criminologie à Paris, New-York, Pékin
Président du Conseil Supérieur de la Formation et de la Recherche Stratégiques
Ancien Président de l'Observatoire de la Délinquance
Ancien Grand Maître du Grand Orient de France.

Le Jeudi 16 janvier 2014 de 19h00 à 21h30
A l'hôtel Intercontinental Le Grand
2 rue Scribe, 75009 Paris
(métro Opéra)

Cet évènement est proposé en **exclusivité et gratuitement aux adhérents** de l'association des Amis du CRIF.

Il est soumis à une **participation aux frais de 20€** par personne pour les non adhérents.

Je vous prie de bien vouloir vous **inscrire en ligne sur le site du CRIF**.

J'espère vous rencontrer à cette occasion et vous prie de croire à mes sentiments amicaux.

Roger Cukierman
Président

Adhérez en ligne à l'association des Amis du Crif sur le site du CRIF : www.crif.org

Espace Rachi 39, rue Broca 75005 Paris
Téléphone : (00 33) 01 42 17 11 11 - Fax : (00 33) 01 42 17 11 13
E.mail : contact@amisducrif.org

Annexe 3

Stéphane Fouks, le « communicant » strauss-kahnien

«Avec Manuel au PS et Alain au Grand Orient, on tient la France pour trente ans.»
Stéphane Fouks (*Challenges*, 3 avril 2014).

« Ce fut un des pince-fesses les plus courus de la capitale : le 25 novembre 2008, dans un salon du ministère du Travail, Stéphane Fouks, se faisait remettre la Légion d'honneur (NDA: sur proposition de l'UMP Laurent Wauquiez) des mains de Xavier Bertrand (NDA: alors ministre du Travail UMP), sous le regard admiratif de vingt-trois patrons du CAC 40 et de nombreux politiques de tous bords. Près de 300 invités au total ! À 49 ans, cet homme-là est un véritable réseau à lui tout seul [...] Mais l'entregent de cet ancien rocardien devenu multimillionnaire ne se limite pas à son portefeuille de clients, loin de là ! Le cœur du système Fouks, c'est d'abord un triangle constitué avec deux copains rencontrés sur les bancs de la fac Tolbiac : le criminologue Alain Bauer, ancien grand maître du Grand Orient de France, et le député socialiste Manuel Valls. S'y ajoutent d'autres fidélités, comme celle qui le lie à Arnaud Lagardère ou à Dominique Strauss-Kahn, dont il a embauché plusieurs très proches collaborateurs. Recaser les amis, en détacher d'autres… La méthode a permis d'essaimer dans les cercles qui comptent » écrivait *Le Nouvel Observateur*, 21 mai 2009. Afin de donner une idée du « réseau Fouks », étaient notamment présents à ce raout : Xavier Bertrand, Jacques Séguéla, Vincent Bolloré, Charles Edelstenne (Dassault Aviation), Denis Ranque (Thales), François Roussely (Crédit Suisse), Didier Lombard (Orange), Yves-Thibault de Silguy et Xavier Huillard (Vinci), Franck Riboud (Danone), Henri Proglio (Vivendi), Henri de Castries (Axa), Philippe Dupont (Banques populaires), Paul Hermelin (Cap Gemini), Bertrand Méheut (Canal +), Bruno Roger (Lazard), Didier Quillot (Lagardère), Serge Tchuruk (Alcatel), Michel Pébereau, etc.

Stéphane Fouks est né le 6 avril 1960 à Paris XVIIe. Il est d'une extrême discrétion sur sa biographie véritable et a œuvré pour empêcher la parution de sa biographie sur *Wikipedia* (il n'y en a longtemps pas eu). Il est le fils d'un sous-directeur à la Sécurité sociale né à Odessa, Moïse (indiqué comme Maurice au *Who's Who*) Fouks, militant du Parti communiste qui finira mendésiste social-démocrate. Dans sa lettre d'information du 17 juillet 2002, Pierre de Villemarest, généralement très au fait de l'espionnage soviétique, le présentait comme un « cadre du PC d'Odessa aux temps soviétiques ». Sa mère, fille de déportée, est comptable dans une entreprise de maroquinerie. « La famille maternelle est originaire de Pologne et la famille paternelle d'Odessa. Installée dans le Jura puis dans le Lyonnais, celle-ci sera cachée par des habitants durant la Seconde Guerre mondiale [...] On assure surtout un judaïsme œcuménique et laïque, plus culturel que cultuel. Le jeune Stéphane ne fait pas Kippour et esquive le rabbin mais il n'échappe pas en revanche aux cornichons Molossol et au pikelfleish (*Le Figaro*, 2 juin 2001). » Il a épousé le 6 juillet 1985 Véronique Dutrou, fille des imprimeurs d'art Robert et Lydie Dutrou, propriétaires du centre d'art graphique *La Métairie Bruyère* (Yonne), dont elle est cogérante.

Enfance en banlieue, à Charenton-le-Pont, histoire familiale entre la Pologne et l'Union soviétique. Marques du militantisme communiste. Petite classe moyenne. Une enfance classique. Il redouble une terminale scientifique pour finir en section économique. Bac avec mention assez bien seulement. Généralement présenté comme diplômé de Sciences-Po Paris, ce juriste (maîtrise de droit public et DESS de communication politique et sociale) ne figure pas dans l'annuaire des anciens et n'est donc tout au plus qu'ancien élève non diplômé (il semble qu'il se soit étalé au grand oral, ayant obtenu 6/20 à la question : « Comment devient-on un homme politique ? »). Il se présente quand même dans son CV officiel, sur le site d'Havas, comme « ancien élève de l'IEP » et a longtemps assuré avoir envisagé de tenter l'Ena. Pas gêné, il assurera par la suite que la direction de Sciences-Po a proposé de le mettre dans l'annuaire des diplômés pour se rattraper mais qu'il a refusé. Un exemple parfait de la rouerie de ce *spin doctor* qui donne sa recette au *Monde* (4 mai 2013) : « La vérité n'est pas la transparence. L'enjeu, c'est de hiérarchiser l'info. On n'est pas obligé de tout dire, mais tout ce qu'on dit doit être vrai. » Son ancienne adjointe Anne Hommel, aujourd'hui à son compte, a parfaitement retenu la leçon : « La vérité n'est pas mon sujet » (*Le Nouvel Observateur*, 25 avril 2013).

Adjoint au directeur de cabinet du ministre de l'Agriculture Michel Rocard en 1983 (grâce à Yves Colmou), ce responsable des Clubs Forum comprend très vite qu'il ne percera jamais au PS en raison de l'hostilité non dissimulée des mitterrandiens et de la séparation des tâches qu'il s'est fixé avec Alain Bauer et Manuel Valls. Il rejoint en 1986 la société Déclic (dont il est co-actionnaire avec Eric Basset) qui organisera notamment les concerts de SOS Racisme, avant de lancer, en 1988, RSCG Public, avec Marc Vanghelder, sous l'autorité de Patrick Salomon (grâce au soutien du ministre socialiste Tony Dreyfus). À l'époque, RSCG cherche en effet à monter une branche politique et ce « pistonné sans complexe » (*La France du piston*, Claude Askolovitch, 1992) sera chaudement recommandé à Jacques Séguéla par Jean-Claude Petitdemange, chef de cabinet du Premier ministre Michel Rocard. Il va rapidement y faire son trou : « C'est un commerçant extraordinaire qui vendrait une TV couleurs à un aveugle (*Stratégies*, 27 mai 1991). » Ce fils de pub et marchand d'images apparaît comme « le fils spirituel » de Séguéla. Jacques Pilhan, le pape de la communication politique (qui conseillera successivement Mitterrand puis Chirac), le pistonne pour participer en sous-main à la campagne de 1988. Il passe donc quelques semaines à Matignon, y rencontrant Séguéla. Il s'accroche avec lui sur la communication du référendum sur la Nouvelle-Calédonie. Cela plaît à l'homme à la Rolex, qui l'embauche trois mois plus tard chez Euro RSCG, lui monte son propre secteur et lui apprend toutes les ficelles : « Jacques a toujours veillé sur moi. Il m'a appris à être dans le domaine de la production d'idées et à avoir le droit de revenir sur des idées déjà vendues. À ses côtés, j'ai compris que la générosité n'était pas la plus mauvaise forme de commandement. » De la relation Fouks/Séguéla, *Le Nouvel économiste* (10 juin 2005) indique : « Il est son père ou son oncle adoptif. Relation complexe ? Reconnaissance du ventre. Affect démesuré entre les deux hommes. Le fils a réussi. Le père a construit son piédestal. Il l'a emmené partout avec lui. Il l'a longtemps imposé à ses côtés. ». Séguéla dira avec bienveillance : « Il est en mouvement constant, donc assez bordélique mais il est rapide, ça le sauve (op.cit). » En parallèle, il sera cogérant, avec Bernard Langlois, de l'hebdomadaire alternatif d'extrême gauche *Politis* à partir de 1990, ainsi que PDG du très officiel groupe Profession politique (avec Eric Basset et Françoise Piot). Ce n'est qu'en 1992 qu'il annonce finalement ne plus militer directement au PS… mais il ne s'agit que d'une position de façade : son bureau jouxte celui de Gilles Finchelstein, directeur des études d'Euro RSCG Worldwide, directeur général de la Fondation Jean Jaurès, membre du Siècle, ancien conseiller politique de Dominique Strauss-Kahn et Pierre Moscovici.

Conseiller de nombreux maires et élus socialistes, il bénéficie également de nombreux budgets institutionnels ou assimilés (campagne du PS aux élections européennes de 1999, BNP Paribas, EDF, qui sera accusée d'avoir financé la campagne de Lionel Jospin en 2002, Airbus, qui sera accusé d'avoir financé le PS en 2002, Danone, Lagardère, Alcatel, LVMH, Cap Gemini, Microsoft, élection présidentielle de 1995 avec Lionel Jospin, etc.). De 1997 à 2002, il sera « l'homme invisible de Jospin », le conseiller de l'ombre omniprésent à Matignon. Et c'est lui, on l'a bien oublié, qui organisera la calamiteuse campagne présidentielle de 2002. Mais, en retombant toujours sur ses pattes, avec une méthode bien particulière : « Avant Fouks, la génération de Jacques Séguéla et de Jean-Michel Goudard – le "S" et le "G" d'Euro RSCG – se contentait d'appliquer à la politique les méthodes du marketing. Fouks est plus malin : il a compris avant d'autres que, dans la pub et la politique, ce ne sont pas les méthodes qui sont les mêmes, mais les donneurs d'ordres. Celui qui se trouve dans un cabinet ministériel dirigera demain la communication d'une entreprise publique ou "pantouflera" chez un annonceur du privé. Pour cet as des réseaux, ceux qu'une alternance ou une défaite prive d'emploi, comme ses conseillers de gauche embauchés en 2002 ou en 2007, seront des relais de choix si les socialistes renouent avec l'exercice du pouvoir en 2012. C'est ainsi que l'on retrouve dans l'équipe Hollande d'anciens salariés d'Euro RSCG, et souvent à des postes de choix : d'Aquilino Morelle, conseiller politique du président, à Gilles Finchelstein, qui veille sur les "discours et les questions de stratégie" de Pierre Moscovici, en passant par Sacha Mandel, conseiller en communication du ministre de la Défense Jean-Yves Le Drian, ou Viviane Nardon, son alter ego auprès du président de l'Assemblée nationale, Claude Bartolone (*Le Monde*, 4 avril 2013). » On pourrait aussi citer Nathalie Mercier, qui conseille Valérie Trierweiler, Marie-Emmanuelle Assidon chez Laurent Fabius, Emilie Lang-Banaszuk au service de presse de l'Élysée, et toute l'équipe qui mit sur orbite présidentielle la fusée Strauss-Kahn avant que celle-ci ne se crashe : « Sa proximité avec Dominique Strauss-Kahn l'a fait passer du statut envié de *spin doctor* d'un futur président à celui de conseiller complaisant – voire complice – de l'homme qui scandalise […] Il tente de transformer pour la galerie le pire danger qui ait menacé sa carrière en expérience édifiante de communication de crise [...] Il y a encore quelques semaines, il alimentait volontiers la thèse du “complot” dans l’affaire du Sofitel. Les révélations sur les prostituées du Carlton l’ont saisi par surprise (*Le Monde*, 6 novembre 2012) ». C’est aussi Euro RSCG qui a conseillé Nicolas Sarközy entre les deux tours de l’élection présidentielle de 2007. *Le Canard enchaîné* (31 janvier 2001) expliquait déjà : « Tout en vitupérant “le capitalisme consanguin et protégé”, Stéphane Fouks cultive soigneusement son réseau de relations politiques [...] Adversaire du mélange des genres (une connerie affirme-t-il sans rire), Stéphane Fouks vit de troublants dédoublements. Par exemple lorsqu’il remporte des marchés auprès d’élus que par ailleurs il conseille bénévolement [...] Proche de Jack Lang, il a ainsi décroché un contrat à Blois. Familier de l’ex-ministre RPR des Sports Guy Drut, Fouks a aussi travaillé sur le dossier des JO à Lille. Consultant de l’UDF Jacques Barrot, il a jadis réalisé, pour son ministère des Affaires sociales, la campagne des élections prud’homales. ». D’une manière générale « Chez Euro RSCG, on adore les remaniements ministériels, écrit *Le Point* du 19 novembre 2009. Un nouveau ministre qui s’installe, c’est un nouveau marché qui s’ouvre. Chaque fois, la maison incite ses consultants à accepter les offres d’embauche. “C’est devenu Manpower” [...] Dans le gouvernement Fillon, on trouve des petits Fouks un peu partout. Entre autres ministres, Valérie Pécresse, Bernard Kouchner et Frédéric Mitterrand ont chacun à leur côté un expert en relations presse issu de l’agence. » Dans la même veine, il conseillera le ministre PS du Redressement productif Arnaud Montebourg lors de ses passes d’armes avec Peugeot alors que, dans le même temps, une autre équipe, de la même agence, conseillait le groupe automobile (cf. *Les Gourous de la com*, Aurore Gorius et Michaël Moreau, La Découverte, 2012). Cette figure incontournable de la pub œuvre aussi à l’étranger. « En 1995, Fouks, enfant d’une lignée juive d’Europe de l’Est, a poussé le socialiste (NDA : ex-communiste) Kwasniewski (N.D.A. : qu’il conseillera jusqu’en 2005) à la présidence polonaise contre un Lech Walesa entouré de cathos réacs ambigus sur la question antisémite. “C’était très important pour mon histoire” (*Marianne*, 23 septembre 1999). » En 1996, il orchestre aussi la campagne du Premier ministre israélien Shimon Peres. Depuis lors, il a conseillé Laurent Gbagbo (Côte-d’Ivoire), Ali Bongo (Gabon), Faure Gnassimbé (Togo), etc.

En 2003, il devient Chief Executive Officer d’Euro RSCG Worldwide et en 2005 coprésident exécutif (depuis l’affaire DSK, le groupe a été rebaptisé Havas Worldwide). Avec Michel Calzaroni et Anne Méaux, il contrôle donc la quasi-totalité de la communication d'influence en France. Propriété du banquier d'affaires de gauche Matthieu Pigasse, *Les Inrockuptibles* (23 mars 2011) a superbement décrit cet univers qu'on croyait sorti de la tête d'un complotiste fou : « Le grand public ignore leurs visages : on ne les voit jamais à la télé, on ne les entend pas à la radio, on ne les lit guère dans la presse. Pourtant ils pèsent sur tous les médias. Leur obscurité sert leur éclat, leur sous-exposition médiatique illustre leur surexposition stratégique [...] Ils ne revendiquent certainement pas le terme de "gourou", ni celui de "magicien", ni celui de "faiseur de rois" : les termes "conseiller" ou "codécideurs" leur vont mieux, mais restent trop euphémiques pour éclairer la dérive de leur pouvoir opérationnel. On ne vote pas pour eux mais ce sont eux qui décident ! [...] Cet ashkénaze multimillionnaire (sic), [NDA, Stéphane Fouks] est l'un des trois gourous qui "dispose d'un immense pouvoir d'influence sur la vie politique et économique française [...Un] vrai décideur installé dans l'ombre de notre système démocratique".

Avec lui, l'entreprise devient une tirelire hyperentable : « En la matière, Stéphane Fouks s'impose comme un maître. Fouks régente Euro RSCG, une machine de guerre dans le monde du conseil et de la communication, qui s'accommode de n'importe quel client. Fouks a le carnet d'adresses le plus épais de Paris, avec un atout qui échappe à certains de ses rivaux : ses réseaux à l'international. Chez cet ancien protégé de Jacques Séguéla, le mélange des genres relève d'un art de l'équilibre, théorisé par ses soins. Rapporté par un concurrent, il a une formule éclairante : "Quand on a deux clients dans le même secteur, c'est un conflit d'intérêts ; quand on en a quatre, c'est une expertise." Tout en se disant de gauche, il s'entoure de lobbyistes de droite et conseille des leaders de l'UMP, des présidents étrangers parfois peu recommandables, des patrons du CAC 40. Mais surtout, il manie avec dextérité la pratique anglo-saxonne des *revolving doors*, ces allers-retours entre cabinets ministériels et agences de communication. Exemple : le secrétaire d'État au logement (NDA : UMP) Benoist Apparu est un ancien d'Euro RSCG. Ces portes tournantes entre privé et public, droite et gauche, ouvrent sur une "immense toile tissée entre les différents lieux de pouvoir". Avec la plume de l'agence, Gilles Finchelstein, et le démineur de crise Ramzi Khiroun, porte-parole parallèle du groupe Lagardère, Stéphane Fouks manie le "management en râteau". Bien que tout à fait légale et encadrée par des règles, l'influence de ces conseillers de l'ombre reste un angle mort dans notre système démocratique. Pour une raison fondamentale : les citoyens ignorent tout de leur rôle (*Les Inrockuptibles*, 23 mars 2011). »

En parfait agent du mondialisme international, il est intervenant régulier auprès de la French American Foundation, la dernière fois lors de la convention des Young Leaders à New York. Mais aussi un familier, en tant que vice-président, du Yalta European Meeting, financé par la plus grosse fortune ukrainienne, l'oligarque Viktor Pintchuk. Comme pour sa vie privée, le « communicant » Stéphane Fouks ne communique pas du tout sur le montant de sa fortune. On citera donc simplement cet extrait du *Nouvel Observateur* (6 juin 2006) pour une seule année de primes : « Une poignée de dirigeants de Havas a reçu un beau cadeau [...] Selon le rapport annuel 2005, 35 personnes ont bénéficié d'un gros paquet de stock-options. Les coûts de ce plan sont estimés à 45 millions d'euros et pourraient monter jusqu'à 56 millions, soit pratiquement une année de bénéfices ! La majeure partie des options (70 %) a été accordée aux directeurs généraux Stéphane Fouks, Rémi Babinet, Mercedes Erra et au directeur financier Jean-Marc Antoni. Chacun peut espérer une dizaine de millions d'euros à la fin du plan en septembre 2009. »

En raison des remous provoqués par les affaires Strauss-Kahn et Cahuzac, Yannick Bolloré, vice-président du groupe Havas, certainement en accord avec son père Vincent, a décidé de cesser la signature de contrats avec des ministres en exercice. Il faut dire que le spécialiste de la communication de crise avait personnellement pris en main le « cas » Cahuzac, afin d'épauler la conseillère du ministre, Marion Bougeard, « détachée » de l'agence de lobbying dès la nomination à Bercy du député PS du Lot-et-Garonne. Un « placement » dans le plus pur style de Fouks. Un sévère avertissement pour le lobbyiste socialiste affairiste Stéphane Fouks, qui travaillait, en sous-main ou indirectement, pour sans doute un tiers des membres de l'actuel gouvernement (mais aussi pour Nathalie Kosciusko-Morizet, dans sa « bataille de Paris »). Il faut dire qu'après l'affaire DSK (on a déjà oublié qu'Euro RSCG avait la communication du FMI pour l'Europe), l'affaire Cahuzac commence à faire désordre et Stéphane Fouks en est désormais réduit à se sauver lui-même. Inventer sa propre com de crise et ses fameux « éléments de langage » qu'il avait jusqu'alors l'habitude de vendre très chers à ses clients. Et ne pas perdre les contrats avec les entreprises qui pensaient d'abord avoir acheté une assurance DSK en prenant un ticket

Fouks, puis un ticket Cahuzac en remettant au pot Fouks… Comme l'avait résumé *Libération* du 11 avril : « [Stéphane Fouks] et son réseau d'influence se retrouvent au centre de l'affaire Cahuzac ».

Détail, qui a plus que son importance, ce « juif laïc » a été coopté en juillet 2013 au titre de membre du Comité directeur et de l'Assemblée générale du Conseil représentatif des institutions juives de France (CRIF).

« Harlem Désir sera le jeudi 3 octobre le premier invité de l'association "Les Amis du Crif" qui était en sommeil ces derniers temps. Cette rencontre avec le Premier secrétaire du PS traduit une volonté du Crif de renouer des liens plus cordiaux avec les socialistes dont les relations avec la communauté juive n'ont pas toujours été au plus haut. Une évolution qui s'est traduite aussi par l'entrée en juillet dernier au comité directeur du Crif de Stéphane Fouks, le président d'Havas Worldwide, qui gère depuis des années la communication de plusieurs ténors du PS. »

Actualité juive (17 septembre 2013).

« J'affronte les taureaux en Camargue et j'embrasse ma femme sur la bouche dans *Paris Match*, tout ça sent la méthode Euro RSCG. »

Aquilino Morelle, responsable de la communication de François Hollande, parlant de Manuel Valls (rapporté par *Marianne*, 4 avril 2014). Rappelons que Stéphane Fouks est l'un des principaux dirigeants d'Euro RSCG.

ANNEXE 4

Manuel Valls sur *Radio Judaïca Strasbourg*, le 17 juin 2011

« J'ai dit tout à l'heure et je suis sincère, que je pense que le Parti socialiste au pouvoir, en l'occurrence son Premier ministre, donc Lionel Jospin, dont personne à l'époque ne pouvait nier son attachement à Israël depuis toujours. Merde quand même ! Celui qui s'est pris des pierres en Cisjordanie à Bir Zeit parce qu'il avait traité le Hezbollah d'organisation terroriste, ce qu'aucun autre dirigeant français, y compris ceux d'aujourd'hui [Sarközy] ont fait, quand même ! C'est lui. Mais j'ai toujours dit que Jospin et Vaillant n'avaient pas pris suffisamment conscience de la réalité qu'était en train de subir la communauté juive pendant toute cette période.

[NDA : bien noter qu'en février 2000, lorsque Jospin fut « caillassé » à Bir Zeit, Valls était pro-palestinien…]

Moi j'étais maire, déjà, et je me rappelle avoir, un samedi matin, accompagné les membres de la communauté juive qui se rendaient à la synagogue d'Evry pendant tout le parcours parce que dans deux quartiers, ils recevaient des pierres de la part de gamins. Donc cette réalité je la palpe, bien évidemment. C'est une réalité. Roland Dumas est un sale bonhomme, regardez ce qu'il fait ou ce qu'il dit, pas uniquement par rapport à Israël. Le déplacement en Côte d'Ivoire avec Vergès est évidemment insupportable. Il a été le ministre de François Mitterrand. Qui peut nier ici, je ne suis pas un mitterrandiste, mais que François Mitterrand a eu vis-à-vis d'Israël les gestes nécessaires. Il a succédé à un président de la République de droite qui regardait Israël depuis la Jordanie avec des jumelles.

Donc la gauche, de ce point de vue-là, cher Monsieur, n'a pas de leçon à recevoir. Enfin… [moment de flottement, on devine que quelqu'un dans l'assistance l'interpelle sur Mitterrand et Vichy] Oui, et ça a été déshonorant, et j'ai été, avec Pierre Moscovici et d'autres, en 1994, l'un de ceux, tout jeune (ça a été mes premières apparitions médiatiques), qui ont dit la honte, non pas du parcours de Mitterrand pendant la période de 1940 à 1945, parcours sans doute chaotique et qui ressemblait à celui de beaucoup de Français. Il a été aussi résistant, mais c'est la honte de cette relation avec Bousquet, bien évidemment, bien évidemment, bien évidemment… et quand vous en parlez avec Badinter et Jacques Attali, ils ont du mal à vous répondre à cela, alors qu'ils se sont retrouvés succédant au précédant à un rendez-vous de Mitterrand avec Bousquet. Donc pas de problème là-dessus cher Monsieur si vous voulez qu'on aille jusqu'au bout du débat.

Troisièmement, et euh je me méfie beaucoup de ce qui circule sur Internet et sur Martine Aubry sur ces questions-là. Mais, franchement, le même Nicolas Sarközy, que beaucoup d'entre vous ont plébiscité en 2007 considérant que c'était le seul ami d'Israël et le protecteur de la communauté juive dans notre pays, c'est le même qui a passé un accord pour créer les conditions de l'islam de France, avec l'UOIF, le même qui débattait, à juste raison avec Tarik Ramadan pour le pousser dans ces retranchements et il a eu raison. À gauche il y en a eu un seul hein qui a débattu avec Tarik Ramadan, c'est moi ! Il est venu à Evry, remplir toute la mosquée d'Evry pour tenir des propos me concernant, cela ne m'a pas empêché de faire 70 % au premier tour des municipales, comme quoi, il faut être relativement tranquille par rapport à ces questions-là. Ce même Tarik Ramadan qui est celui qui influence idéologiquement l'UOIF, la même organisation avec qui Nicolas Sarközy a passé un accord pour construire l'Islam de France. Ça veut dire que tout cela est un peu ambigu.

En tout cas moi ce que je peux vous dire, et je ne parle que pour moi, c'est que la lutte contre l'antisémitisme, et je vous dis ça pour des raisons politiques, historiques… euh ma famille est profondément liée à Vladimir Jankélévitch, qui a écrit le plus beau livre que l'on puisse écrire sur l'imprescriptible et sur la Shoah. Par ma femme je suis lié de manière éternelle à la communauté juive et à Israël, quand même, donc je ne viens pas ici pour recevoir des leçons de brevet de lutte contre l'antisémitisme. Qu'il y ait des ambiguités dans la société française, ce n'est pas ce que je voulais vous dire mais comme j'ai la parole, je la garde et je manifeste un peu d'habileté, mais en tout cas qu'il y ait plus que de l'ambiguité dans la société française, dans de nombreux cercles à gauche comme à droite, bien évidemment. C'est pour ça qu'il faut être impitoyable, clair sur ces questions, bien évidemment. »

Les conséquences de cette sortie :

Valls, en bon communicant, s'adresse ici sur un média relativement confidentiel (le média radiophonique de la communauté juive strasbourgeoise) à la communauté juive de France tout entière, étant donné l'importance de la communauté juive de Strasbourg. Il sait ainsi que ses positions seront entendues par les intéressés, sans pour autant leur donner un retentissement dans le grand public externe (*Radio Judaïca* Strasbourg, n'est pas *Radio J*, régulièrement reprise, par exemple). Mais ce professionnel de la communication n'a pas pris la mesure de la réactivité sur Internet et du retentissement que pouvait avoir une telle sortie. Ainsi celui qui a pris vingt ans de réflexion pour opter pour la nationalité française se déclare-t-il, et avec ferveur, « lié de manière éternelle à la communauté juive et à Israël, quand même ! »

L'extrait vidéo de cette sortie, relayée par le site musulman oumma.com fera donc un véritable « buzz » sur Internet. Manuel Valls, devenu ministre de l'Intérieur, tentera en vain de faire disparaître cet extrait de la toile (cf. *Panamza*, 12 décembre 2012). Par ailleurs, la mention relative à « son lien éternel » avec « la communauté juive et Israël » a disparu de la page consacrée à Manuel Valls sur *Wikipedia*. Prétexte invoqué selon Pierre-Carl Langlais, coadministrateur du site, (et blogueur sur *Rue 89*, ce qui en dit long) : cette information serait « totalement anecdotique ». La question a pourtant enflammé la page discussion de *Wikipedia* comme le révèlent les échanges entre les contributeurs du site (cf. *France 2*, 8 novembre 2012),*Wikipedia au service de Valls* (visible sur youtube.com/watch?v=n25xcxebexQ). On remarquera ici qu'*Actualité juive*, ne semblant pas voir l'effet désastreux d'une telle sortie, s'étonnera de la position de Pierre-Carl Langlais dans son numéro du 23 novembre 2012…

Désormais, cette déclaration d'amour à Israël, à la manière du sparadrap au doigt du capitaine Haddock, colle à Manuel Valls sans qu'il ne puisse s'en défaire. À tel point que Florian Philippot, lors d'un débat sur *France 2* (6 février 2014) déstabilisera le ministre de l'Intérieur avec une allusion à la désormais fameuse sortie, déclarant : « Ces étrangers, si un jour ils deviennent français, [je veux] qu'ils soient fiers d'être français, éternellement attachés à la France, quand même, Monsieur Valls. »

Quand Manuel Valls décidait de faire la peau à Dieudonné

1° Communiqué de presse du ministre de l'Intérieur du vendredi 27 décembre 2013
"Le ministre de l'Intérieur condamne avec fermeté les propos racistes et antisémites de Dieudonné M'Bala M'Bala qui, après avoir visé le journaliste Frédéric Haziza, s'en prend désormais à Patrick Cohen, journaliste à *France Inter*. De déclaration en déclaration, comme l'ont démontré plusieurs émissions télévisées, il s'attaque de façon évidente et insupportable à la mémoire des victimes de la Shoah. Malgré une condamnation pour diffamation, injure et provocation à la haine et à la discrimination raciale, Dieudonné M'Bala M'Bala ne semble plus s'embarrasser de la moindre limite. Dans ces conditions, **le ministre de l'Intérieur a décidé d'étudier de manière approfondie toutes les voies juridiques permettant d'interdire des réunions publiques qui n'appartiennent plus à la dimension créative mais contribuent, à chaque nouvelle représentation, à accroître les risques de troubles à l'ordre public."**

2° Entretien de Manuel Valls au *Parisien* du 28 décembre 2013, où il confirme l'envoi d'une circulaire aux préfets.
« Quand on s'en prend avec une telle hargne à des journalistes du fait de leur patronyme, du fait qu'ils sont juifs, ce n'est pas tolérable. Quand Dieudonné insulte la mémoire des victimes de la Shoah, c'est insoutenable. Ça suffit. **Il faut casser cette mécanique de haine** [...] Arriver à l'interdiction peut prendre du temps. Mais **nous ferons tout pour y arriver**, car il faut en finir avec l'impunité et la complaisance auxquelles Dieudonné a eu droit (Il ne faut) écarter aucune possibilité, y compris un durcissement de la loi [...] Depuis longtemps, Dieudonné n'est plus un comique et sa démarche ne relève plus de la création. Pour tout dire, il ne fait plus rire personne. Ses spectacles sont devenus des réunions publiques où il déverse sa haine ».

3° Commentaire de Philippe Bilger, ancien avocat général à la cour d'assises de Paris (sur son blog www.philippebilger.com).
« Pourquoi, soudain, Dieudonné, toutes affaires cessantes, au cœur de l'appareil d'État comme si la lutte contre le racisme et l'antisémitisme justifiait tout, et d'abord une démarche d'interdiction dangereuse pour la République? Quel étrange dessein, chez ce ministre, que de vouloir interdire des réunions publiques en présumant que des délits y seront perpétrés et qu'elles troubleraient davantage l'ordre public que certaines manifestations qui se déroulent avec la bénédiction du pouvoir? Manuel Valls met le doigt, l'esprit, la politique dans un engrenage dangereux. Pour se "payer" Dieudonné, pour obtenir à bon compte un succès facile et confortable, il annonce que ses équipes travaillent – tant le péril est imminent! – sur les possibilités juridiques d'interdire les réunions publiques de Dieudonné. Il n'a pas d'autres chats plus impérieux, plus urgents, plus quotidiens à fouetter? **On ne lui demande pas d'être ministre de la morale. Mais ministre de l'Intérieur.** Cela suffit largement à ses devoirs."

ANNEXE 5

Circulaire anti-Dieudonné du ministre de l'Intérieur (Manuel Valls) aux préfets

Le Ministre

Paris, le 6 janvier 2014

Le Ministre de l'intérieur

à

Monsieur le préfet de police
Mesdames et messieurs les préfets
Monsieur le préfet de police des Bouches-du-Rhône

NOR : INTK1400238C

OBJET : **Lutte contre le racisme et l'antisémitisme – manifestations et réunions publiques - Spectacles de M. Dieudonné M'BALA M'BALA**

La lutte contre le racisme et l'antisémitisme est une préoccupation essentielle du Gouvernement et exige une action énergique. Il y a lieu de faire preuve de la plus grande vigilance lorsque sont susceptibles d'être prononcés des propos incitant à la discrimination, à la haine ou à la violence à l'égard d'une personne ou d'un groupe de personnes à raison de leur origine ou de leur appartenance ou de leur non-appartenance à une ethnie, une race ou une religion déterminée.

S'agissant du spectacle « *Le Mur* », de M. Dieudonné M'BALA M'BALA, dit Dieudonné, actuellement joué au Théâtre de la main d'or, à Paris, puis présenté en tournée à compter du 9 janvier prochain, dans plusieurs villes de France, de nombreux maires et préfets ont appelé l'attention sur la teneur de ce spectacle, en faisant valoir qu'il contenait des propos antisémites et infâmants à l'égard de personnalités de confession juive ou de la communauté juive dans son ensemble et des atteintes virulentes et choquantes à la mémoire des victimes de la Shoah.

Ces propos sont à replacer dans un contexte plus général dans lequel M. Dieudonné M'BALA M'BALA commente, sur le ton de la dérision, l'holocauste des Juifs et dénonce un « complot sioniste », de sorte que le message insoutenable qu'ils véhiculent est parfaitement compréhensible de la plupart des spectateurs.

Enfin, il pose personnellement sur l'affiche de la tournée, effectuant la gestuelle dite de « *la quenelle* », gestuelle sur laquelle sa société de production a déposé des droits à l'Institut national de la propriété industrielle (INPI) et qui fait l'objet, de sa part, d'appel à publications sur son site internet, sans qu'il ne se démarque jamais des dérives racistes et antisémites auxquelles ces publications donnent lieu.

Par suite, en plaçant son spectacle sous le signe de cette gestuelle, récurrente dans ses spectacles précédents, dans ses communications sur différents sites internet et les réseaux sociaux, et dans les échanges qu'il entretient avec une partie de son public, de ses partisans ou de nombreuses personnes connues pour leurs idées antisémites et extrémistes, en déclarant dans un message diffusé le 1er janvier sur le site internet *Youtube,* vouloir placer l'année 2014 « sous le signe de la quenelle », il annonce clairement sa volonté de persister dans la même voie, malgré neuf condamnations, dont sept d'ores et déjà définitives.

La réponse à de tels propos doit avant tout être d'ordre pénal, conformément aux dispositions de la loi du 29 juillet 1881.

Néanmoins, l'autorité administrative dispose également de pouvoirs lui permettant de faire cesser les troubles à l'ordre public. Si la liberté d'expression doit être garantie, comme toutes les libertés publiques, elle doit en effet être conciliée avec d'autres principes ou objectifs à valeur constitutionnelle, au nombre desquels figure la préservation de l'ordre public. Cette conciliation est également permise, dans le strict respect du principe de proportionnalité, entre liberté d'expression et sauvegarde de l'ordre public, par l'article 10 de la Convention européenne de sauvegarde des droits de l'homme et des libertés fondamentales.

Le respect de la liberté d'expression ne fait donc pas obstacle à ce que, à titre exceptionnel, l'autorité investie du pouvoir de police interdise une activité si une telle mesure est seule de nature à prévenir un trouble grave à l'ordre public. Depuis l'arrêt de principe du Conseil d'Etat *Benjamin* du 19 mai 1933 (Rec. p. 541), les conditions dans lesquelles l'autorité investie du pouvoir de police peut interdire la tenue d'une réunion publique ou d'un spectacle ont été précisément définies par la jurisprudence :

- l'existence de risques de graves troubles à l'ordre public induits par cette manifestation ;
- l'impossibilité de prévenir ces troubles par des mesures de police appropriées, moins attentatoires aux libertés que l'interdiction.

L'interdiction d'un spectacle au titre du pouvoir de police générale du maire ne saurait ainsi avoir qu'un caractère tout à fait exceptionnel. Elle peut toutefois être justifiée lorsqu'il apparaît que c'est la seule solution pour mettre fin au trouble à l'ordre public causé par une représentation présentant un ensemble de caractéristiques :

- elle s'inscrit dans la suite de spectacles ayant déjà donné lieu à des infractions pénales ;
- ces dernières ne peuvent être regardées comme un « dérapage » ponctuel qu'expliquerait la libre expression artistique, mais elles sont délibérées, réitérées en dépit des condamnations pénales précédentes et constituent un des ressorts essentiels de la représentation ;
- les infractions en cause sont liées à des propos ou des scènes susceptibles d'affecter le respect dû à la dignité de la personne humaine, qui est une composante de l'ordre public (CE, 27 octobre 1995, *Commune de Morsang-sur-Orge*, Rec. p. 372).

2

En application de l'article L. 2212-2 du code général des collectivités territoriales, le pouvoir de police générale, qui comprend la police des spectacles, appartient au maire. Il vous appartient donc de rappeler à cette autorité les conditions d'interdiction des spectacles en cause, de l'assister dans la conception et la mise en œuvre de ces mesures lorsqu'elle vous sollicite et, le cas échéant, de vous substituer à elle, lorsque vous estimerez que les conditions d'une interdiction sont réunies.

Vous êtes en outre compétents, dans les zones de police d'Etat, pour prévenir les troubles à la tranquillité publique, selon les critères de la jurisprudence Benjamin précitée. Si les conditions sont réunies, vous pourrez faire usage de votre pouvoir d'interdiction à ce titre, concurremment ou non avec celui du maire.

Par ailleurs, si le spectacle n'a pas été interdit, il vous appartient de faire usage des dispositions de l'article 40 du code de procédure pénale, en saisissant l'autorité judiciaire des propos effectivement prononcés qui vous semblent pénalement répréhensibles.

*

Je vous demande de réunir au cours du premier trimestre la Commission départementale pour la promotion de l'égalité des chances et de la citoyenneté (COPEC), compétente pour traiter de la lutte contre le racisme et l'antisémitisme et toutes formes de discriminations. Cette réunion interviendra dans les plus brefs délais en cas d'actualité départementale particulière.

Vous veillerez, notamment dans ce cadre, à susciter, proposer ou valoriser des initiatives de sensibilisation et de pédagogie préventives contre les comportements racistes, antisémites, antimusulmans ou intolérants. Votre action en la matière s'exercera en lien avec ou en soutien à l'éducation nationale, aux institutions culturelles, aux réseaux associatifs ainsi qu'aux collectivités territoriales. Vous vous assurerez de la qualité des liens sur ce sujet avec le Procureur de la République et le directeur académique des services de l'Education nationale (DASEN).

*

Vous rendrez compte, sans délai, à mon cabinet et au cabinet du secrétaire général du ministère, des décisions et actions intervenues au titre de la présente circulaire.

Manuel VALLS

31 mars 2014. Exceptionnellement réuni à Paris, le conseil d'administration du Congrès juif mondial salue très chaleureusement la nomination de Manuel Valls comme Premier ministre, rappelant qu'il a « agi avec détermination contre le comédien antisémite Dieudonné », et soutient « la pleine légitimité des mesures qui restreignent la liberté de parole ».

TABLE DES MATIÈRES

INTRODUCTION **P.4**

Manuel Valls par lui-même et par les autres p.5

L'ENTOURAGE FAMILIAL DE MANUEL VALLS **P.9**

Issu de la grande bourgeoisie conservatrice catholique catalane p.9

Un père nullement « réfugié anti-franquiste » p.10

Une famille maternelle enrichie par l'exploitation de l'or colonial p.13

La misère : grandir dans une maison du Marais, face à l'île Saint-Louis p.14

Une seconde femme très ambitieuse p.18

UN PUR APPARATCHIK DE LA POLITIQUE **P.22**

Le « pacte de Tolbiac » p.22

Marginaliser le PCF et les gauchistes avec l'alliance socialistes-lambertistes p.25

Initié franc-maçon très jeune p.27

De Rocard à Hollande en passant par Jospin p.29

Membre des cénacles mondialistes p.35

EVRY, OU LA « PETITE RÉPUBLIQUE VALLSIENNE » **P.39**

QUAND MANUEL VALLS ÉTAIT PRO-PALESTINIEN... .... **P.45**

MANUEL VALLS, ISRAËL ET LA COMMUNAUTÉ JUIVE **P.57**

MANUEL VALLS, MINISTRE DE L'INTÉRIEUR **P.65**

Place Beauvau p.65

Son équipe rapprochée p.66

Une action catastrophique p.73

La répression de La Manif pour tous p.75

La haine des nationaux p.80

Alain Soral et Dieudonné, ennemis publics numéros 1 .... p.82

Encadrés

Discours de soutien à la Palestine de Manuel Valls p.49

Les petits snobismes de Manuel Valls p.64

Avec l'affaire Dieudonné, Manuel Valls met en place les principes d'une quasi-dictature p.83

Quand Manuel Valls décidait de faire la peau à Dieudonné p.114

Annexe 1

Les Valls, descendants de marranes des Baléares ? p.91

Annexe 2

Alain Bauer, Grand Maître de la franc-maçonnerie, de l'influence et de la sécurité p.95

Annexe 3

Stéphane Fouks, le « communicant » strauss-kahnien p.103

Annexe 4

Manuel Valls sur *Radio Judaïca Strasbourg*, le 17 juin 2011 ..... p.111

Annexe 5

Circulaire anti-Dieudonné du ministre de l'Intérieur (Manuel Valls) aux préfets p.115

Dépôt légal: avril 2014.
Imprimé en Union Européenne.

Éditions
Facta